美國政府之行政管理革新

饒奇明著

文史哲出版社印行

國家圖書館出版品預行編目資料

美國政府之行政管理革新 / 饒奇明著.-- 初版.
--臺北市：文史哲，民85
面；　公分.
ISBN 957-549-017-7（平裝）

1.行政管理 - 美國

572.9　　　　　　　　　　　　　　85006297

美國政府之行政管理革新

著　　　者：饒　　　奇　　　明
出　版　者：文　史　哲　出　版　社
登記證字號：行政院新聞局局版臺業字五三三七號
發　行　人：彭　　　正　　　雄
發　行　所：文　史　哲　出　版　社
印　刷　者：文　史　哲　出　版　社
　　　　　臺北市羅斯福路一段七十二巷四號
　　　　　郵撥〇五一二八八一二　彭正雄帳戶
　　　　　電話：（〇二）三五一一〇二八

定價新臺幣二六〇元

中 華 民 國 八 十 五 年 六 月 初 版

序

　　筆者任公職已逾卅餘載，兢兢業業，夙夜匪懈，戮力從公，行政管理革新一直是筆者所關注的焦點，也是不斷思索探討的問題。

　　在我國，每隔數年行政革新就成爲主政者施政重點。惟每次均是提出一套行政革新計畫後，並未具體落實推動。久而久之，不僅行政官員對行政革新麻木不仁，而且國人亦對政府推動之行政革新缺乏信心。此種「坐而言，不能起而行」的弊病，是我國所獨有，或則世界工業先進國家亦有之；又歐美工業先進國家是否有推動行政革新成功的例子等，均是筆者所感興趣的問題。

　　筆者曾於一九八五年至一九八六年間，赴美國匹茲堡州立大學專題研究，並先後訪問美國聯邦政府人事行政總署、紐約州政府、紐約市政府、喬治亞州政府、芝加哥市政府、邁阿密市政府等機關，期間適逢美國聯邦政府推動行政機關生產力運動及品管圈管理時期。回國後先後在考選周刊第四〇九期、四一〇期、及四一一期（八十二年七月六日至二十日）發表「美國行政機關的品管圈運動」一文，接著又於考選周刊第四三三期、四三四期及四三五期（八十二年十月二十一日至八十三年一月四日）發表「美國行政機關生產力運動之簡介」一文。接著民國八十三年六月於人事月刊第十八卷六期發表「提昇機關整體績效的新途徑——編組工作小組」一文。

上述文章均由筆者增添新資料後融入本書中,再經由有系統蒐集相關資料後寫成一九七〇年代至一九九〇年代初期美國行政機關行政管理革新運動一書,以供國人借鏡,「他山之石可以攻錯」,古有明訓,筆者寫成此書的主要動機有下列三項:

一自一九七〇年代起,美國聯邦政府所推動之行政機關生產力運動,至一九八〇年代中期以後轉為品質管理運動。在這二十幾年間,美國聯邦政府持續推動行政革新之原因、經過及其主要管理觀念、途徑為何?

二分析探討美國行政機關行政管理革新計畫成功與失敗之原因,是否可作為我國借鏡之處?

三瞭解美國行政機關引進私人企業最新管理途徑及技術以及所遭遇的問題,並如何加以克服及其成效如何?

反觀我國,在民國七十八年以前,財政向極穩健,收支均能長期維持平衡。惟自七十八年以後,政府因公共支出大幅增加,加以股市不景氣,國內企業外移,稅率長期調低等因素,使得政府財政加速惡化,再加以政府機關過度膨脹,致使政府預算赤字問題雪上加霜,因此如何解決日趨龐大預算赤字問題,已成為政府當前最主要之課題。

此種情況,正好與美國聯邦政府在一九七〇年代所面對的困境相當類以,然而二十多年來,美國聯邦政府積極推動行政改革,儘管失敗例子多過成功之例子,但亦不曾中斷,頗有值得借鏡之處。質言之，如果用來作爲我們行政革新參考，即可避免我們再經嘗試與錯誤過程。

　　目前美國當政者，已體認到在世界市場競爭相當激烈時代，假如美國政府不能提高生產力及服務品質，將會阻礙美國經濟發展，如提高稅率，因而提高美國工商業的成本，勢必降低其在國際間之競爭力。因此行政管理革新必須永續地加以推動。

　　此對以出口爲導向的我國，永續推動行政管理革新的措施更是一刻也不能停，行政革新不應淪爲口號，亦不應成爲經濟發展的阻力，應是帶動國家整體經濟發展的助力。

　　茲値本書付梓之際，謹綴數語，尚祈學者專家，不吝賜教。

饒奇明　謹識

民國八十五年五月

美國政府之行政管理革新

目 次

序……………………………………………………………… 1

第一章 美國政府行政管理革新運動簡介……………… 1

　第一節 概 說……………………………………… 1

　第二節 美國政府行政管理之特色………………… 2

　第三節 美國政府推動行政管理革新之努力……… 4

第二章 美國行政機關生產力改進運動………………… 11

　第一節 概 說……………………………………… 11

　第二節 生產力及生產力改進之涵義……………… 13

　第三節 美國行政機關之生產力改進計畫………… 18

　第四節 生產力改進運動之阻礙及解決途徑……… 23

　第五節 美國行政機關生產力改進運動發展趨勢… 27

第三章 美國行政機關生產力改進之管理途徑………… 31

　第一節 概 說……………………………………… 31

　第二節 建立工作團隊（team building）途徑……… 32

　第三節 工作生活品質（quality of worklife）途徑 35

　第四節 員工建議制度（employe suggestions）途徑 38

第四章 品管圈管理途徑………………………………… 41

　第一節 概 說……………………………………… 41

第二節　美國引進品管圈之背景…………………… 42

第三節　品管圈之涵義及其功能…………………… 44

第四節　品管圈之實施步驟或程序………………… 46

第五節　美國行政機關實施品管圈情形…………… 49

第六節　美國行政機關推動品管圈之障礙………… 51

第七節　結　語………………………………………… 53

第五章　美國行政機關行政管理革新運動之轉變………… 57

第一節　行政機關生產力改進計畫成效不彰之原因…… 57

第二節　行政機關引進品質管理之背景…………… 60

第三節　行政機關之品質改進政策………………… 64

第六章　全面品質管理及其在行政機關之應用………… 77

第一節　概　說………………………………………… 77

第二節　全面品質管理之意義……………………… 79

第三節　全面品質管理之原理原則………………… 81

第四節　全面品質管理之原理原則可否應用在行政機關 89

第五節　行政機關實施全面品質管理之條件…………… 95

第七章　美國行政機關實施全面品質管理之情形………… 99

第一節　行政機關的品質管理觀念………………… 99

第二節　行政機關實施品質管理之步驟及方法…………103

第三節　美國行政機關實施全面品質管理之案例………106

第八章　結　論…………………………………………123

第一節　美國行政管理革新之特性………………………123

第二節　美國行政管理革新之檢討………………………127

第一章　美國政府行政管理革新運動簡介

第一節　概　說

在一九六〇年代以前，美國可以全力以赴推動登陸月球，從事大規模的社會改革，或發動一場戰爭而不去擔心經費的問題。

而在此同時，美國許多的問題已逐漸顯現出來。例如，垃圾對環境造成令人無法忍受的污染，此外，人民就業機會均等的問題亦已成為當時美國政府的一項重要課題。若再加上越戰問題，造成了美國社會普遍的不安。為了解決上述日愈嚴重的社會問題，美國聯邦政府採取了一些措施，如成立環境保護總署、住宅和都市發展處等。

一九七〇年代發生了全球性石油危機，美國的能源發生短缺，至此以前所建立的富裕形象已逐漸消失。取而代之的是政府成本支出愈來愈龐大，祇有靠增加稅收來支應，甚至造成一九七五年紐約市政府幾近宣告破產而由州政府接管的事例①。

在一九七〇年，美國參議員普羅斯米爾（William Proxmire）向國會會計總署署長提出質詢：「令人很遺憾的是我們並沒有一套制度可以實際衡量聯邦機構的效率②。」因此在民選官員和議員積極推動之下，才有了一九七〇和一九八〇年代的美國行政機關生產力改進運動（productivity improvement movement），至一九九〇年代此項運動又轉變爲品質改進運動（quality improvement movement）。

總之，自一九七〇年代起如何提高行政機關績效，已成爲美國政府的一項重要課題，亦即在選民反對政府浪費及加稅壓力下，美國政府展開一連串行政管理革新運動，期能以較少的資源，爲美國民眾提供更多且品質更佳的服務。

第二節　美國政府行政管理之特色

在本質上，政府與私人企業有下列七項差異③：

一、私人企業追求利潤，而政府追求的是服務選民。

二、私人企業很少是壟斷性的組織，而政府機構則大多是壟斷性組織，且是不可取代的如國防、警政。換言之，人民可選擇私人企業的服務，但對政府所提供的某些服務，則別無選擇。

三、政府和官員是時時受民意的監督，私人企業則否。

四、私人企業的薪津是以員工的績效（performance）作爲基礎，而公務人員的薪津是以預算的分配作爲基礎，預算與績效間並無關連。企業若無績效，則無利潤；若無利潤，則無法生存。而行政機關的預算，則與機關的服務績效並無直接關連。

五、私人企業對生產力的衡量是以利潤作爲指標，利潤多表示績效良好；若利潤少表示績效不佳。行政機關的生產力衡量指標，則很少有共識，原因為行政機關的目標和產出往往是不夠具體明確。

六、政府官員的行為必須向他的長官和社會大眾負責，有時亦須考慮他的行為在立法上或司法上的影響。私人企業管理人員則僅須向他的老闆負責，而不必負立法上或道義上的責任。

七、私人企業對員工的進用及解僱有較大的自由。政府對公務人員的進用及解僱，則受到限制。

就美國政府而言，上述政府與私人企業的差異尤為顯著。

依一七八九年美國所頒佈之憲法，美國政治制度有二項特點：一為聯邦制國家。各州的權力很大，聯邦憲法修正案第一條規定，凡是憲法上無明文交給聯邦，亦無禁止各州行使之權力，由各州保留或由人民保留。一為三權分立國家。行政、立法、司法三權分別交由總統、國會、聯邦最高法院行使，且相互制衡。

以上法制規定雖二百年未改，但美國政治制度實際上已有重大變遷。今日美國聯邦政府的權力早逾越憲法規定，聯邦政府運用權力毋需考慮是否合於憲法規定。美國總統亦已非當時制憲者所設計的只是執行國會決策的角色，現已為美國主要政治角色，國會實際已失去真正決策的能力。亦即行政權已凌駕立法權④。

美國聯邦機構自一九三〇年代起快速增加，目前約有一二五個以上，聯邦公務人員數約有二百一十萬人左右。以一九九一年為例，其薪資和福利支出約為九四七億美元。是以美國聯邦政府早已成為美國公私機構最大的雇主。

此種把美國政府當作企業組織來經營觀念，使得美國政府的行政革新工作成了持續性運動。在一九七○年代以後，美國政府受私人企業的鼓舞，並且積極採取在私人企業實施得很成功的管理技術，使得美國行政管理進入一嶄新的階段。亦即由政府的行政官員管理的觀念轉變爲由政府的管理人員管理的觀念。此種管理觀念的轉變，使得美國政府的組織特性和環境轉變爲專業性、創造性、革新性和挑戰性，而此些特性正是私人企業的特性。質言之，美國政府行政機關的管理思想，自一九七○年代起，已逐漸脫離以往不合時宜的觀念，由行政管理轉變爲企業管理型態，這正是今日美國政府行政機關管理的特色⑤。

第三節　美國政府推動行政管理革新之努力

　　早在一九一二年五月出版的美國政治和社會科學學會年報，其中一篇「市政府的效率」文章中，就提到效率（efficency）係指對資源的最佳使用，而效能（effectiveness）係指達到目標的程度。

　　一九二八年，美國全國都市標準委員會研究並公布政府施政效能的衡量標準。

　　一九三三年，美國國際都市管理協會出版了一本有關市政效能衡量標準手冊⑥。

　　由此可見，如何提高政府效率和效能，即推動行政管理革新工作，早受重視。但因在一九○○年代早期，美國的生產力是呈倍數增加，使得美國國力富強，成爲世界工業先進國家，因此並沒有廣受國人矚目。

　　一九六〇年代末期，美國的生產力普遍低落，造成美國經濟不景氣，富裕社會的形象逐漸消失，政府機關面臨預算被削減的困境。當時的美國政府所面對的是人民需要不斷的增加，要求維持相當的服務品質，但卻反對加稅，即預算不能相對增加，有時甚至減少，是以政府管理人員必需去學習新的管理哲學和技術，方足以因應困境。

　　在此背景下，民選的官員和公職人員如總統、州長、市長以及議員等，他們深切瞭解他們選民的需要，即反對加稅並且繼續能享受高品質的公共服務。他們乃決心推動政府行政管理的革新運動，引進在私人企業實施得很成功的管理途徑，形成了所謂全國性的行政機關的生產力改進運動。在一九七〇年代以後，美國政府初始推動行政機關生產力改進運動的因素是政治性。因為行政機關的本質仍脫離不了政治的關連性，政治對行政機關的管理仍具有相當大的影響力。為便於瞭解起見，我們將行政機關的管理人員，分為政治的管理人員和行政的管理人員兩種。前者如前述的總統、州長、市長和議員等，後者即為一般的行政管理人員。

　　美國政府在政治的管理人員推動下，持續不斷的試驗各種在私人企業實施很成功的管理途徑，如生產力衡量模式、品管圈、工作小組、工作生活品質、員工建議制度、以及全面品質管理等。由於他們的努力嘗試，才有各式各樣行政管理革新活動的推動，但也由於他們的任期屆滿、離職或遭受挫折，而使得他們所努力推動的行政管理革新計畫或活動，無聲無息的結束。

　　茲以美國聯邦政府爲例，簡述政治的管理人員對推動行政管理革新的努力及其經過：

　　一、一九六二年，美國預算局（The Bureau of Budget）在五個政府機關試驗生產力改進計畫的可行性及其效用。該局於一九六四年提出一份研究報告，結論爲：「政府的許多施政措施，用生產力指標加以評估是可行的。」試驗結束，該局把這些推動生產力改進計畫的人員調走，未再進一步推動。

　　二、一九七〇年美國參議員普羅斯米爾先生要求國會會計總署署長斯塔（Elmer Staots）先生評估聯邦機構使用生產力衡量模式的可行性。斯塔先生遂邀請文官委員會主席漢頓（Robert Hampton）先生和管理預算局（The Office of Management and Budget）局長史庫茲（George Schuhz）先生共同研商該項建議案。他們成立一工作小組，從事一項分三階段的生產力改進計畫。一九七三年，該小組提出研究報告，並獲致二項結論：

　　1.聯邦機構使用生產力衡量模式是可行的。

　　2.應有持續性的計畫，用以評估和提高聯邦政府的生產力，包括定期向總統和國會報告。

　　基於上述工作小組的建議，管理預算局長被指定負責有關繼續推動生產力改進計畫，並由國會會計總署、財政部、文官委員會及該局組成一聯合財政管理改進計畫委員會，負責準備有關每年向總統和國會作生產力報告的文件資料，以及尋找和改進生產力衡量模式。該委員會最後一次提出有關行政機關生產力改進報告是在一九七六年七月。在此期間內，美國管理預算局曾規定聯邦各機關必須依據有關生產力資料編製預算。執行結果，有些機關成效良好，有些則不盡理想。

三、美國前總統尼克森於一九七○年以行政命令成立全國生產力委員會。美國國會於一九七一年通過法案，授予該會推動生產力運動的合法權力。惟該委員會的重心擺在私人企業，對行政機關的生產力問題僅給與相當的注意。美國國會又於一九七四年通過法案，將該委員會改為全國生產力及工作品質委員會。由於該委員會受限於經費和生產力改進問題過於廣泛，遂把焦點擺在私人企業及州和地方政府上面，而非聯邦政府。美國國會於一九七五年又通過法案，將全國生產力及工作品質委員會改為全國生產力和工作生活品質中心。該法案的主要目的有三：㈠對影響經濟效益的所有聯邦政府活動加以評估。㈡鼓勵聯合勞工、工會和政府的努力，以改進生產力和工作條件。㈢建立一全國性生產力政策。

雖然當時卡特總統任命副總統洛克斐勒為該中心主席，是一個好的開始，但其餘二十六個委員則均未完全任命，使得該中心的功能一直未能充分發揮。茲因卡特總統對生產力改進運動不太熱中，故為期三年的任期屆滿後，卡特總統未再指派該中心主席和委員會委員，該中心幾陷於停頓狀態⑦。

一九七八年該中心又被改為全國行政機關生產力中心（The National Center for Public Productivity），其宗旨為成為全美行政機關生產力資訊交換中心。該中心成立至今，仍持續不斷舉辦研討會，出版書籍，發行季刊，並且設立模範州及地方政府獎，以獎勵推動行政革新有績效之州和地方政府。

　　四、美國前總統雷根於一九八八年四月二十九日發布一項行政命令，名為聯邦政府生產力改進計畫。規定所有聯邦機構均應改進其服務的品質、時效和效率，並要求其所提供各項可衡量的服務，需符合一定的品質標準。即把私人企業重視的品質概念引進到公共服務上。

　　該項行政命令授權管理預算局負責推動有關聯邦政府生產力改進計畫。該局乃據以要求聯邦機構要實施最近在私人企業實施相當成功的全面品質管理（Total Quality Management）途徑，並且設立美國聯邦品質協會（Federal Quality Institute），協助聯邦各機構實施全面品質管理。

　　有關州及地方政府方面，茲各舉一例以說明政治的管理人員對推動行政管理革新的重要性。

　　在州政府方面，實施生產力計畫最有名的二個州就是威斯康辛州和華盛頓州，在路易士（Lucey）擔任威斯康辛州長及雷恩（Ryan）擔任華盛頓州州長時，均很熱心、積極推動生產力計畫。但當該二位州長落選後，他們所推動的政策均被中止實施。

　　在市政府方面，美國紐約市政府於一九七二年曾提出一份有關市政府生產力報告。在一九七四年，邊因（Beame）先生當選市長，其繼續推動生產力計畫，但一九七五年紐約市發生嚴重財政危機，為免於破產而由州政府宣佈接管市政府財政權，至此紐約市政府遂中止推動生產力計畫。

【附　註】

① Mercer J.L. and Philips R.J., "Public Technology: Key to Improved Government Productivity" , New York: A Division of American Management Associations., 1981,pp5-10.

② Martin D., "The Management Classics and Public Productivity" in Public Productivity and Management Review, Volum XIV, Fall 1990. pp35-52.

③ Colby P.W., "Public Sector Productivity Improvement" in Cohen M. and Golembiewski R.T.(eds)，"Public personnel Update", New York: Marcel Dekker, Inc., 1984, pp191-213.

④ 華力進，政治學，臺北：經世書局，民國七十五年七月，第三○四至三九四頁。

⑤ Boackaert G. "The History of the Productivity Movement" in Public Productivity and Management Review, Volum XIV, Fall 1990, pp53-89.

⑥ Holzer M., "Mastering Public Productivity Improvement" in Holzer M. (ed.), "Public Productivity Handbook", New York: Marcel Dekker, Inc., 1992. pp1-14.

⑦ Kull.D.C., "Productivity Programs in Federal Government" in Public Administration Review, January/February 1978. pp5-8.

第二章　美國行政機關生產力改進運動

第一節　概　說

自一九七〇年代起，生產力改進（Productivity Improve-
ment）一直是美國政府的施政重點。不僅是私人企業，行政機
關亦不遺餘力的推動生產力改進運動，探究其原因，大約有下列
四點：

一、美國生產力普遍低落：生產力改進長久以來即爲美國全
國性主要課題之一，但其是隨著美國國家經濟的狀況而起伏。即
在一九〇〇年代早期，美國生產力是呈倍數增加，使得美國能迅
速崛起，成爲世界的工業強權國。一九六〇年代末期起，美國生
產力逐漸下降，甚至在一九七九年至一九八〇年發生連續兩年生
產力都呈下降情形。從一九六四年至一九八四年，美國每年平均
生產力成長率約爲百分之一點二，而其前二十年的平均成長率約
爲百分之三點四。但從一九七九年至一九八六年，美國每年平均
生產力成長率是低於百分之一。如與日本相比，則此時期日本的
每年平均生產力成長率約爲百分之三點一，約爲美國的四倍之多
①。

　　二、政府成本愈來愈高：從一九五五年至一九七六年，美國聯邦政府費用支出佔國民所得（GNP）比率由百分之十八提高為百分之二十二點五，而州政府則由百分之八提高為百分之十五點一。在用人方面，從一九五六年至一九七六年，聯邦政府雇用人數佔全美國人力的比率，由百分之二點二提高為二點七；而州政府則由百分之四點七提高為百分之十一點六。另外，在薪資結構上，從一九五三年至一九七三年，美國公務員薪資漲幅約為百分之一百八十八，批發商和零售商工資漲幅約為百分之一百三十二，製造業工資漲幅約為百分之一百四十一，建築業工資漲幅約為百分之一百五十四，服務業工資漲幅約為百分之七十一。總之，美國政府成本支出愈來愈高，無形中對政府財政構成嚴重負擔，尤其有些地方政府的用人費，有時近佔預算的一半以上②。

　　三、政府稅收的困境：政府成本支出的大幅度增加，但政府稅收卻沒有相對的增加，使得政府的施政無法配合經濟的成長。一九七〇年代中期經濟的不景氣，使納稅人需完全負擔美國政府的所有支出，令美國納稅人感受相當之深刻。因此堅決反對加稅和拒絕發行公債來從事各項經濟建設。例如一九七〇年至一九七九年，美國就有十七個州立法，對財產稅的徵收加以設限，有七個州對政府支出加以設限。在聯邦政府方面，國會至少有三項憲法修正案，旨在限制聯邦政府的開銷。質言之，美國各級立法機構均反對政府預算大幅度增加，甚至削減政府預算。既然在稅收增加方面已無能為力，只有把希望寄託在公務員生產力改進方面，藉以解決困境。

四、美國民眾對公務員失去信心：在一九七六年，由漢理斯
（Lou Harris）所主辦的一項全國性民意調查顯示，民眾認為公
務人員的生產力是所有職業類別中最低的一個。又一九七七年的
一項蓋洛普（A Gallup Poll）民意測驗顯示，在當時有超過三分
之二的美國人相信政府公務員工作不力，但卻比私人企業員工得
到較好的待遇和較多的福利。美國民眾已對冷漠的官僚和日漸膨
脹的公務員感到厭惡，百姓已無法忍受平庸無能的政府，他們認
為必須為政府看緊荷包，亦即政府必須減肥，以及學習如何以較
少的資源做更多的事情。

　　基於上述背景，美國政府和國會承受很大的壓力，不得不對
政府的浪費和無效率情況加以研究和改進。誠如美國管理預算局
（The Office of Management and Budget）所言：「目前正是
行政機關學習私人企業推動生產力改進的時候」。③

第二節　生產力及生產力改進之涵義

一、生產力之涵義

　　生產力對於許多國家行政學者而言，是「相當熱門的新字」
（The very hottest new words）。茲將專家學者對「生產力」
定義，簡述如下：

　　　1.Sutermeister說：「生產力就是每一位員工每小時的產
　　　　量。」
　　　2.Lefton說：「生產力就是每單位投入所產生最佳的產

　量。」

3. Vough說：「生產力是指金錢的投入（包括直接的或間接的）。」

4. Hornbruch說：「生產力是指達成某項結果和其所需花費時間的關係而言。」

5. Balk說：「生產力就是一種過程。」

6. Glase說：「生產力就是以相同的人力而能生產較多的產量。」

7. 私人企業對生產力界定為：「商品市價與製造此商品成本之間的比率關係」。

8. 美國勞工部將生產力界定為：「私人經濟所生產的所有商品和服務與所投入這些商品和服務人力小時的比率關係」。

　　在行政機關方面，對「生產力」已逐漸達成共識，包括效率（efficency）和效能（effectiveness）兩項概念。所謂「效率」標準係指提供某項服務（施政）所使用的資源程度，包括人力、財政、和自然資源，例如在美國，衡量一所公立高中的教育效率，則可以該校培養一名畢業生所花成本的多少，作為標準。所謂「效能」標準係指所提供的服務（施政）達到何種程度，例如欲衡量一所公立高中的教育效能，則可以其畢業生通過全美國高中學科能力考試的百分比，作為標準。換言之，即指該項服務（施政）對顧客（百姓）或服務對象所產生的結果，此項結果可能是正面的，也可能是負面的。如以公式來表示則為④：

$$生產力 = \frac{投入}{目標} + \frac{產出}{投入}$$
$$(效能) \quad (效率)$$

就某方面而言，行政機關「生產力」在將效率和效能兩項概念混合在一起時，就已使「生產力」涵義變得相當複雜。舉例來說，假如垃圾收集人員每月的垃圾收集量增加，但民眾對其所產生的噪音及亂丟垃圾桶抱怨不已，則此項生產力算是提高或降低呢？或則警察局發展出一種，低成本盜竊警告系統（效率），但住家居民和民間團體，卻不曉得有該項系統（效能），此種生產力算是提高或降低呢？探究其原因在於政府的任何決策均受到錯綜複雜環境之影響，亦即受到人民價值觀念、壓力團體，選民態度、大眾傳播媒體、各種法令規章以及各級政府間關係等因素的影響。因此，政府如要以最有效率和效能的方式來解決問題，就必須在政府所能做的和民眾所期望做的之間取得平衡。亦即惟有在效率和效能的比率均在最適當的情況下，才有可能產生最大的生產力。

美國國會會計總署生產力小組（The National Productivity Group of the U.S. General Accounting Office）為了研究改進聯邦政府的生產力，於一九八六年二月提出一套「生產力管理評估模式」，包括效率（efficency）、時效（timeness）和品質（quality）三項衡量標準，該模式如下：

效率	時效	品質	生產力
生產力衡量計劃→	過程或系統分析→	生產力管理評估→	改進生產力機會

　　儘管生產力涵義有點複雜，但仍不失爲一項主要指標，用以評估資源轉換爲產品或服務的效率及效能爲何。就政府而言，可將其作爲一項減少預算的工具，迫使政府機關以較少的資源提供相同或更多的服務，故其重要性不言可喻。

二、生產力改進之涵義

　　生產力改進可視爲特定制度構成要素間的一種期望關係，此種期望關係可使該制度得以繼續維持。制度的構成要素間均朝我們預期的方向發展（例如，投入相同，但產出增加；或產出相同，但投入減少），我們稱該機關生產力提高；假如朝非我們預期方向發展（例如，投入相同，但生產力減少；或產出相同，而投入增加），那麼我們稱該機關生產力降低。

　　基本上，此種期望關係模式如下圖：

$$投入 \rightarrow 轉換過程 \rightarrow 產出$$
$$\uparrow \quad 回饋 \quad |$$

更具體而言，是一種開放系統的模式關係。在此開放系統中，每位員工均是該系統中的次級系統，以每位員工的生產力（如每小時的工作產量）構成機關整體的生產力關係[5]。

　　更進一步而言，此種關係模式可分爲下列三種關係：

　　1.投入和轉換過程的關係。如某一機關辦理一員工電腦訓練課程，增強了員工的電腦操作能力。在此例中，過程中均是相同的，即員工使用相同電腦辦事，但因員工（投入）操作電腦能力

（轉換過程）更有效率，以致工作量增加，此種關係即為我們所期望的關係。同理，如果投入不變，但因過程轉變，而使產出增加，亦是我們所期望的關係，例如，某一警察局使用電腦來驗證指紋，取代老舊的人工驗證指紋手續，則可迅速而且正確驗證從犯罪現場採集回來的指紋，此實有助於警察掌握破案的線索。

2.轉換過程和產出的關係。例如，採用新的教學方法（轉換過程），而使學生的學習效果（產出）更佳。此外，產出亦會影響轉換過程，如老師對學生的學習效果不佳，受到挫折導致教學品質惡化。

3.產出和投入的關係。此種關係比較複雜，亦即產出可能是由投入或轉換過程單一因素所造成，或則由兩者所共同造成的。

無論如何，我們必須瞭解，上述任何一種關係的改變，均會影響其他二種關係。

巴爾（Bobl）和巴克德（Burkhed）認為此種關係模式是由五種要素所構成：

1.環境：指民眾的需要與要求。

2.投入：指人力和設備。

3.轉換過程：指資源轉換的過程。

4.產出：指政府的施政措施或所提供的服務。例如，收了多少噸的垃圾，犯罪率下降多少或撲滅多少次的火災。

5.結果：指政府施政措施或服務的效果。例如，警察的破案率雖然增加，但一般民眾可能認為係由於環境改變所造成，如經濟的蕭條、種族的衝突和有組織的犯罪等，是有可能發生警察的破案率雖然增加，但整體社會的公共安全卻變為更差的情形。

　　大體而言，衡量一個機關的生產力是否改進，即是否朝著我們所期望的方向發展，可由下表看出⑥。

投　　　入	產　　　出	生　產　力 （產出/投入）
減　　　少	增　　　加	增加
減　　　少	穩　　　定	增加
減少 X 量	減少比 X 量少	增加
穩　　　定	增　　　加	增加
增加 X 量	增加比 X 量多	增加

第三節　美國行政機關之生產力改進計畫

　　所謂「生產力改進計畫」係指任何經由增加工作人員的動機和技能，或將職位和工作過程加以改組，或技術革新的途徑，而使得機關的效率和效能有所增進，那麼此種途徑就可稱為「生產力改進計畫」。就行政機關而言，生產力改進計畫的涵蓋面甚廣，包括預算、財政、人事的規劃、衡量、評估和政策的管理等。

　　生產力改進計畫內容包括下列七項內容：

　　1.選定一計畫、次計畫或活動加以研究。

2.確定所選定計畫、次計畫或活動的眞正目標。

3.選擇適當的分析程序或模式。

4.設計多種選擇方案，例如新資訊技術、工作改進程序、提高員工工作動機、工作外包等方案。

5.各種選擇方案利弊得失分析。

6.選擇方案確定後，立即加以執行。在執行過程中，需要發展出一些措施，以解決個人或組織所面臨的問題。

7.評估計畫成效，即與原計畫加以比較，以決定新的或調整後的計畫，對機關的效率是否有所改進。

　　一般而言，行政機關實施生產力改進計畫，可使所有參與人員均能蒙受其利。例如，員工可獲得均等的工作量，明確的工作指標，以及有時能獲得績效獎金；管理人員或行政官員是可以改進或控制工作量、工作水準和提昇爲民服務的品質；民選的官員可有效率和效能的提供民眾所期盼的各項服務；至於社會大眾亦可因政府有效率的使用稅收而少納稅[7]。

　　美國政府推動生產力改進計畫始自一九六二年，美國預算局（The Bureau of Budget）在五個機關（包括郵政局）試驗生產力改進計畫的可行性及其效用。該局於一九六四年提出一份研究報，結論爲：「政府的許多施政措施，用生產力指標加以評估是可行的」。然而，很可惜的是，該局後來把這些推動生產力改進計畫的人員調走，未再進一步推動。

　　一九七〇年九月美國參議員普羅斯米爾（William Proxmire）先生要求美國國會會計總署署長斯塔先生（Mr. Elmer Staots）評

估聯邦機構使用生產力評估模式的可行性。斯塔先生遂邀請文官委員會主席漢頓先生（Mr. Robert Hampton）和管理預算局局長史庫茲先生（Mr. George Schuhz）共同研商該項建議案。他們一致決議成立一工作小組，其成員由管理預算局、國會會計總署和文官委員會共同組成。該工作小組並得到美國勞工統計局的協助，從事一項分三階段的生產力改進計畫。一九七三年，該小組提出研究報告，並獲致二項結論：

　　1.聯邦機構使用生產力評估模式是可行的。

　　2.應有持續性的計畫，用以評估和提高聯邦政府的生產力，包括定期向總統和國會報告。

　　基於上述工作小組的建議，管理預算局局長被指定負責有關繼續推動生產力計畫，並於一九七三年七月提出一份備忘錄：

　　1.管理預算局應提供有關生產力的一般性政策指導原則。

　　2.勞工統計局應蒐集有關生產力的資料和建構生產力指標。

　　3.文官委員會應提供有關生產力的人事管理方面的政策指導和技術協助。

　　4.行政服務總處（The General Services Administration）應對各機關提供技術協助和指導，俾使各機關能發展並實施生產力評估制度。

　　5.聯合財政管理改進計畫委員會（The Joint Financial Management Improvement Program）應對引起生產力改變的因素加以分析和準備每年向總統和國會作生產力報告的文件資料，以及尋找和改進生產力評估模式。（按該委員會是由美國國會會計總署、財政部、管理預算局和文官委員會共同組成的）。

　　至一九七六年，該項聯邦政府生產力改進計畫，實施得相當成功。其主要原因為各參與單位的主要人員，均一致體認生產力的重要性及有決心將它做好。他們主動形成一非正式生產力協調委員會，定期集會分享相關經驗和制定政策。

　　每個參與單位均各自準備生產力資料，將之分成二十四個類別（例如，交通、印刷、設備維護等），並提供給勞工統計局，做為建構生產力指標的參考。然後，再由聯合財政管理改進委員會依上述的指標及其他有關資料，擬具每年向總統和國會報告的生產力改進計畫文件。

　　除此以外，美國尼克森總統亦於一九七〇年以行政命令成立全國生產力委員會（National Commission on Productivity）。美國國會於一九七一年通過第九二—二一〇號公法，授權該委員會推動生產力運動的合法權力。惟該委員會的重心是擺在私人企業，對行政機關的生產力問題僅給予相當的注意。美國國會又於一九七四年六月通過第九三—三一一號公法，將該委員會改為全國生產力及工作品質委員會（National Commission on Productivity and work quality）。由於該委員會受限於經費和生產力改進問題過於廣泛，遂把焦點擺在私人企業及州和地方政府上面，而非聯邦政府。

　　美國國會又於一九七五年十一月二十八日通過第九十四—三六號公法，又將全國生產力和工作品質委員會改為全國生產力和工作生活品質中心（National Center for Productivity and quality of working Life）。該法案的目的為①對影響經濟效益的所有聯邦政府活動加以評估，②鼓勵聯合勞工、工會和政府的努力，以改進生產力和工作條件，③建立一全國性生產力政策。在一九七八年，該中心又被改為全國行政機關生產力中心（The National Center for Public Productivity），其宗旨為成為全美國行政機關生產力資訊的交換中心。

美國政府於一九七九年時，在聯邦人事行政總署內設立生產力資源中心（The Productivity Resource Center）。然而在一九七○年代末期，很顯然地聯邦政府推動生產力運動的努力已逐漸降低，高峰期已過。在一九八○年代初期，美國聯邦政府已較不積極推動生產力改進計畫，更進一步而言，一九七○年代，美國行政機關生產力運動重點為如何有效使用資源，以獲得更多的產出，但一九八○年代的行政機關生產力運動，則係基於政府龐大預算赤字和納稅人的壓力。

一九八○年代是美國政府減肥年代（The Era of Less Government），為減少政府龐大預算赤字與納稅人堅決反對加稅和發行公債以及希望政府能繼續提供高品質服務。美國雷根總統於一九八六年二月頒佈第一二五五二號行政命令，即聯邦政府生產力改進計畫（The Productivity Improvement Program for Federal Government）。該計畫之目標有二：(1)預計至一九九二年，將聯邦政府生產力提高至百分之二十，(2)經由制度化的計畫，長期的推動生產力運動，俾改變機關管理人員的行為和使政府更有效率。該項行政命令規定每一聯邦行政機關或部門，必須擬訂短期和長期生產力改進計畫，以改進其施政效率、時效和品質。並由管理預算局負責監督執行。其具體內容為：(1)每一機關或部門須指定一名高級官員負責有關協調生產力改進計畫事宜。(2)每一會計年度須擬訂一生產力改進計劃。(3)指定四至五個最有可能實施生產力改進計畫的部門。(4)發展出一適當的生產力評估模式。(5)鼓勵員工參與生產力改進計畫。(6)各機關每年須報告有關上年度的生產力改進措施狀況。

　　一九八八年直屬美國總統的管理改進委員會提出一項「一九八八年改革計畫」（Reform '88）。該計畫擬將聯邦政府由龐大官僚體系轉變為一更現代化和更有效能的組織。其目的在將所有生產力目標轉變成聯邦政府基本的施政目標，以杜絕官員的詐欺、濫權、浪費和改進政府的管理效能並增加政府對成本的控制。

　　一九八九年美國聯邦政府人事行政總署為鼓勵各機關積極彈性運用激勵獎金制度，乃頒佈「公務生產力分享計畫」，希望能藉此確實改進聯邦政府服務品質，並落實生產力改進運動的政策⑧。

第四節　生產力改進運動之阻礙及解決途徑

　　綜上所述，美國政府生產力改進計畫相當多，而且實施期間均不長，讓人眼花撩亂，不過從美國國民追求時髦，喜新厭舊的性格觀點來看，也就不足為奇了。就美國政府來說，則是「愈多管理計畫，愈好」（The More Management Programs, The

Better）。生產力改進運動意謂著機關組織文化的改變，但目前行政機關卻不能提供足夠的激勵因素，以克服機關的惰性，即拒絕改變。更具體言之，行政機關具有某些潛在不可克服的問題，使得行政機關推動生產力改進計畫不易成功。茲分別說明如下：

1.政府制度的本質是相當保守的。美國民眾和新聞媒體經常注意政府的一舉一動，並且會毫不遲疑的指責或批評民選或官派官員的過失，但卻吝於表揚或稱讚他們成功的一面。基此，使得政府寧願保持現狀，而不願輕易改革，以免動則得咎。因為社會大眾是不易察覺政府的浪費和無效率，但假如政府官員嘗試糾正浪費和無效率的行為或措施，則可能會引起很多人反對。換言之，如那些改革會影響他們的利益，則他們就會反對。也就是說，生產力改進計畫若妨礙某些人員的利益，則他們就會群起反對。

2.社會大眾似乎非理性的反對高收入的官僚。假如美國地方議會同意增加三名清潔隊員，則大概沒有人會反對；但假如增加一名預算官員或行政管理師，則立刻會遭受大眾的批評，認為地方議會「膨脹」市府官員。社會似乎經常非理性反對政府以高薪聘請幹練的管理人才。但政府缺乏精明幹練，有經驗的管理人才，就無法推動生產力改進計畫。

3.公務員往往是制度下的犧牲者。公務員的薪水是以其投入的工作時數來計算，而非以其產出即工作績效來計算。使得公務員因其工作表現很有績效，但卻不能像私人企業一樣，得到額外的獎金。私人企業對生產力衡量是以利潤作為指標，利潤多表示績效良好；反之則否。但行政機關的生產力衡量指標，則很少有共識，原因為行政機關的目標和產出，往往不夠具體明確，或不易評估。既然如此，則不易建立公平和客觀的激勵制度，因此很多生產力改進計畫往往是遭受批評或指責後，無聲無息的結束。

4.政治的壓力。大抵可分為下列幾項原因：(1)美國政府常受政黨政治影響。如果是民主黨或共和黨選舉勝利，則由該黨主政，因此造成選舉過後，發生官員大搬風情形，此對機關生產力運動是有阻礙的。(2)如某市面臨日益高漲的犯眾率，在作決策時，假設有二項選擇方案，所使用的資源均相同，一項是分期四年的警政改革計畫，另一項為立刻派遣警察上街頭打擊犯罪，毫無疑問的，民選市長往往會選擇後者，而不願選擇超過其任期的生產力改進計畫。(3)一個機關效率改進後，也許下個年度的預算會被削減，或分配給其他效率較差的機關。職是之故，沒有一個機關願意積極推動生產力運動，以免其預算被削減⑨。

依美國政府推動生產力運動的經驗看，生產力改進是絕對可行的，但卻不易達成。若要生產力改進計畫成功，必需要採行以下六項措施：

1.若達成生產力節餘目標，應給予機關管理人員適當的獎勵。例如美國洛杉磯郡實施「預算節餘分享制」（Shared Budget Savings），即任何部門在下一會計年度前，因實施生產力計畫而有節餘時，該機關並沒有損失它，祇是不能將節餘用來雇用新人，但可用來做他們想要做的任何事情。例如購置設備或對達成生產力目標的管理人員發給績效獎金。

2.在政府的財政管理計畫內，建立一系統化的生產力投資策略。即將生產力改進計畫與預算過程結合在一起，不僅著重削減預算和增加稅收，並且著重生產力節餘和生產力投資利益。即將生產力節餘再投資在生產力改進計畫上，以獲得更多的節餘或利益。

3.任何生產力改進計畫均應獲得政府高級主管的支持與承諾，方可實施。此係指須獲得負有行政機關成敗責任的民選或官派行政首長的支持或承諾而言。

4.需培養精明幹練的管理人才。即機關高級主管制定或推動生產力改進政策和方案，然後再交由中級管理幹部執行。經驗顯示，忽視此一有經驗的中級管理幹部，機關在推動生產力改進計畫時，將會產生不滿和不合作的現象。

5.鼓勵機關基層員工積極參與生產力改進計畫。假如我們認為員工是機關問題的一部分，那麼我們亦應認為員工是解決機關問題的主要因素。因為員工直接與民眾接觸，並肩負員工績效改進的責任。是以員工積極參與生產力改進計畫更顯得重要。

6.機關要勇於嘗試生產力改進計畫。政府機關不可等待有了健全的制度，才來推動生產力計畫。我們必須了解，世上沒有完美無缺的生產力改進模式，而且它也不可能存在。我們必須逐步的試驗並推動它。假如某機關實施成功，其他機關便可共同分享其成功經驗。生產力的改進過程，不僅可使辦公處所增加活力，而且亦可增加員工工作滿足感並改進對民眾的服務。

第五節　美國行政機關生產力改進運動發展趨勢

　　誠如前述，一九七〇至一九八〇年代是美國政府推動行政機關生產力改進運動時期。在此時期，許多專家學者亦不遺餘力協助推動此項行政革新，且蔚為學術研究風潮。在雜誌方面，Public Personnel Management 和 Public Administration Review就經常刊登有關此方面文章，尤其是Public Administration Review曾分別於一九七二年及一九七八年各刊登一次有關行政機關生產力改進論文集發表，Public Personnel Management亦於一九八五年刊登一次論文集發表持續帶動研究風氣，甚受重視。又Public Productivity and Management Review則是為專門研究行政機關生產力改進而出版的季刊，此季刊係由美國政府所支助，用來專門研究行政機關生產力改進的「全國行政機關生產力中心」（The National Center for Public Productivity）所出版的學術性季刊。

　　在書籍方面，Washnis曾蒐集了許多專家學者的文章，於一九八〇年編輯出版第一本有關的工具書，書名為 "Productivity Improvement Handbook for State and Local Government"，共計約一千五百頁，作為美國州及地方政府推動生產力改進之參考，此書可代表一九七〇年代美國行政機關實施生產力改進運動的摘要，其相當詳細記載當時所推動各種改進機關生產力的工具、方

法、技術和制度以及在州和地方政府實施情形⑩。接著十二年後，
Holzer於一九九二年繼續編輯出版第二本工具書，書名爲"Pub-
lic Productivity Handbook"，共計約七百頁，作爲美國各級政府
推動生產力改進之最新參考資料。此書可代表一九八〇年美國行
政機關實施生產力改進運動的摘要。此外，在此值得一提的是推
動美國行政機關生產力改進先驅者Holzer，於一九八八年與
Halachmi合編出版了"Public Sector Productivity－A Resource
Guide"，分別蒐集了一千多個有關的書籍、報告、論文、雜誌及
學會組織等資料，作爲專家學者研究之參考。

　　由此可見，美國政府在推動行政機關生產力改進是一項全國
性運動，且持續不斷進行。然因政府組織與私人企業本質上差異，
在私人企業實施得相當成功的管理措施，移植到行政機關，可能
因某些不可克服因素，致未達預期的成效和目標，不再採行。惟
在求新求變的原則下，美國政府仍持續不斷找尋新的行政管理途
徑，以提高爲民服務的品質。在一九八〇年代晚期，此項行政機
關生產力改進運動逐轉變爲行政機關全面品質改進運動。即轉變
型式持續發展，繼續推動行政革新工作，以達提高行政效率和效
能，並滿足人民需求的目標。

【附　註】

① 　Wholey J.S. and Newcomer K.E., "Improving Government Perf-
ormance"，San Francisco: Jossey-Bass, Inc., 1989. pp146-149.

② Colby P.W., "Public Sector Productivity Improvement" in Cohen

M. and Golembiewski R.T.(eds), "Public Personnel Update", New York: Marcel Dekker, Inc., 1984. pp191-195.

③ Keane M.E., "Why Productivity Improvement?" in Washnis G.J.(ed.)" Productivity Improvment Handbook for State and Local Government", New York: John Wiley and Sons, Inc., 1980 pp10-11.

④ Colby P.W., op.cit., P192.

⑤ Holzer M. and Halachmi A., "Strategic Issues in Public Sector Productivity", San Francisco: Jossey-Bass Inc., 1986 pp5-14.

⑥ DeMarco J.J. and Holley S.H., "The Use of Productivity Criteria in Local Government Cutback Decision Making" in "Decision Making in the Public Sector", New York: Marcel Dekker, Inc., 1984. P169.

⑦ Bouckart G. "The History of the Productivity Movement" in Public Productivity and Management Review, Volume XIV, Fall 1990. pp53-89.

⑧ Balk W.L. "A Symposium Productivity in Government" in Public Administration Review, January/February 1978. pp1-50.

⑨ Balk W., Olshfski D., Epstein P. and Holzer M., "Perspectives on Productivity" in Public Productivity and Management Review, Volume XV, Winter 1991, pp265-279.

⑩ 美國全國公共行政學會（National Academy of Public Administration）曾於一九七六年二月召開一特別的工作小組會議，在當時的執行董事Roy W. Crawley領導下，研擬編輯「州和地方政府生產力

改進手冊」（Productivity Improvement Handbook for state and Local Government），歷時四年，於一九八〇年出版。

第三章　美國行政機關生產力改進之管理途徑

第一節　概　說

生產力改進經常被誤認為「計畫發展」（program development），「稽核」（auditing），「作業分析」（operations analysis），「撙節管理」（cutback management），「工作生活品質」（quality of working life），「勞資合作」（joint labor-management cooperation），「利益分享」（gain sharing）或「績效管理」（performance management）。但不論何者，假如能夠經由增加員工的工作動機和技能，或將職位和工作過程加以改組，或技術革新的途徑，而使得機關的效率和效能有所增進，那麼此種途徑就可稱為「生產力改進計畫」（productivity improvement program）①。

生產力改進是美國政府一九七〇和一九八〇年代的施政重點。美國政府各級行政機關為了達成生產力改進的施政目標而採取各種不同管理模式，不論採取何種管理模式，都基於一項基本概念，即藉由解決問題的小團體（problem-solving groups）來促進機關生產力成長，並且都承認機關最有價值的資源就是員工本身②。此

種允許員工參與機關管理的方式，又稱爲參與式管理（partici-
pative management）。

近年來，美國行政機關所採取的參與式管理模式，主要有三
種，第一種爲品管圈（quality circles），第二種爲建立工作團
隊（team building），第三種爲工作生活品質（quality of
worklife）③。

在一九八〇年代，美國的生產力問題持續存在，美國公私機
構經調查研究顯示，品管圈比其他的參與式管理模式，更能提高
公司或機關的生產力。亦即在面對有限的資源，服務需求的增加
以及財政的困境等諸多問題，美國各級行政機關進行一連串生產
力改進計畫，在各種試驗中，成長最快速的就是實施品管圈。所
謂品管圈係指小型的、自願性的、同質性的解決問題小團體。此
種途徑的特點爲集中員工的智慧，解決機關所遭遇的問題，提高
機關的工作績效。品管圈於一九八〇年初期在美國開始風行，並
成爲員工參與管理運動的先驅。品管圈專家列福德（Ledford）
目睹當時品管圈在美國公私機構實施情形，曾說：「無庸置疑，
品管圈已成爲美國歷史上最普遍化的參與管理模式。」④由於品
管圈於一九八〇年代在美國行政機關廣受採行，對美國行政機關
的行政革新運動占有重要地位，故另列專章討論。

第二節　建立工作團隊（team building）途徑

　　工作團隊（teams）係指由一群人所組成的，任何人的成功需要其他人的合作和支持。最典型的例子就是棒球和籃球，任何球員不可能獨力贏得比賽。

　　建立工作團隊（team building）係指把人結合在一起並發展出彼此間的人際關係，共同努力合作，達成既定的目標。就狹義而言，係指組成一特定工作團隊，以完成指定的工作目標。就廣義而言，係指全機關共同努力合作達成機關整體的目標。在機關各層級建立各種工作團隊，可以彼此互補，即某員工在工作上有某方面的欠缺，但經由工作團隊，該員工的欠缺，可由他人加以彌補，因而提高了機關整體的工作績效。

　　就行政機關而言，建立工作團隊是有其必要。因為行政機關部門化後，造成機關員工間的藩籬。不同的部門，不同的專業，不同的工作性質，使得員工在討論機關的目標及達成的方式上，造成意見紛歧。部門化的優點是使工作性質相似的員工，集中在一起上班，但缺點是造成員工間藩籬。然而建立工作團隊卻可促進機關各部門間的溝通和瞭解。

　　建立工作團隊的類型有下列三種⑤：

　　一、作業的工作團隊（operating teams）——指將一群從事日常工作的員工組成一工作團隊，以解決他們在機關所遇到的問題。

　　二、專案的工作團隊（project-oriented teams）——指將一群員工組成一工作團隊，其目的在解決機關某項特定的問題。

　　三、管理的工作團隊（management teams）——由一群機

關的管理人員所組成的工作團隊,他們定期研商機關的問題並提出解決途徑。

一個機關若要實施成功,則必須具備下列三項條件:

一、溝通。即機關主管與員工及員工間要能誠實及完全的溝通。有效溝通管道包括各小組長的定期開會及建立相互依賴的工作網路。

二、機關和員工對工作團隊的支持:

1.允許員工設定工作目標,擬訂工作計畫。

2.工作小組的目標需可衡量和觀察。

3.要擬訂一套獎懲制度,即工作團隊有工作績效,即予獎勵;若工作有錯誤,應能及時加以糾正。

4.員工的能力和工作要相互配合。

三、維持成員間的穩定性。工作團隊的成員要相當的穩定,流動性不可過於頻繁,方可使成員對工作團隊產生認同感和榮譽感。

一般而言,行政機關在推動建立工作團隊的過程大約有二種⑥:

一、聘請外面的顧問或專家學者指導員工們有關建立工作團隊的技巧和觀念。最常使用方式為舉辦為期一至二天的研習會。

二、機關內設置專人或部門專責推動。在此階段,則不必再聘請外面的顧問或專家學者,指定機關內專責人員或部門繼續推動有關事宜。其主要工作為擬訂準則,作為團隊自我管理,選舉小組長等之依據。

　　目前許多美國行政機關實施此項行政管理模式後，發現可以對機關產生二項正面的功能。

　　一、使員工瞭解變遷的必要性。假如員工能夠彼此公開的溝通，分享成果和自由交換觀念，那麼就容易產生共識。有了共識，員工就會改變其行為或做事方式，俾符合小團體的需要或標準。

　　二、建立新的工作程序。工作團隊的成員，可經由現行工作流程圖，指出工作的阻礙因素，因而重新建立新的工作程序，使其能符合工作團隊成員的能力、技術和經費的負擔。

第三節　工作生活品質（quality of work-klife）途徑

　　工作生活品質是參與式管理模式的一種。其主要目的是經由工作環境的人性化和組織的民生化，提高員工參與組織決策的可行性，由於員工對工作滿意度高，因而提高生產力，每位員工生產力提高，最後就可達到組織整體生產力改進的目標。

　　工作生活品質概念源於一九七〇年代以後，全球性經濟的持續不景氣，美國許多公私機構感到可使用的資源愈來愈受到限制。因而轉變思考方向，認為人力資源（human resources）比其他資源更為重要。且鑑於近二、三十年來人力資源變化得相當快速，使得組織必需重新探討有關人力資源的社會和經濟方面的問題。美國學者肯恩（Kanter）和斯泰（Stein）對美國行政機關的人力資源加以研究，並於一九七九年發表美國行政機關人力資源有以下七項特性⑦：

　　1.女性就業人口增加。

　　2.男性與女性的工作性別歧視和所得差距仍存在。

　　3.經驗較為缺乏的年青人力普遍不足。

　　4.經驗較為豐富的年老人力普遍過剩。

　　5.員工的教育程度比以往增加。

　　6.全美國工會會員人數逐漸減少，但政府工會會員人數卻是呈現成長的現象。

　　7.少數民族如黑人和拉丁裔美人，仍有就業上的問題。

　　以上七項特性，明白顯示美國行政機關員工工作價值正在變遷的事實。

　　工作生活品質與其他參與式管理模式的不同點，在於它較不重視建立員工績效或生產力的衡量標準或模式，而著重組織與員工需要的均衡，亦即同時重視組織的工作環境與員工的需求。由於工作生活品質所討論範圍過於廣泛，以致至今仍未有一致共同的定義。

　　瓦爾頓（Richard Walton）對工作生活品質的界定，可讓我們進一步瞭解此項正在試驗中的管理技術。其認為工作生活品質應包含下列八項標準：

　　1.適當和公平的報酬。

　　2.安全和健康的工作環境。

　　3.應能給予員工表現和發展個人能力的機會。

　　4.提供員工永續成長和保障的遠景。

5.工作組織內員工相處融洽。

6.工作組織內員工能享受合法權利。

7.提高整體的工作生活空間。

8.工作生活與社會發生關連。

　　美國農業部於一九八四年從事一項工作生活品質的調查，以瞭解該部實施工作生活品質的成效。結果發現以下二種情形⑧：

一、員工最滿意的有五項：

1.我覺得我所作的工作很有意義。

2.我能確定造成我工作壓力的因素。

3.我知道機關對我的工作的期待。

4.我認為我的上司相信我會把事情做好。

5.我瞭解個人對所屬單位目標達成的貢獻程度。

二、最不滿意的亦有五項：

1.對機關最有貢獻者能得到適當的獎賞。

2.我的上司已採取措施減少部屬工作上的壓力。

3.我被要求對我所屬單位提出長程計畫。

4.我因提出創造性想法和嘗試新觀念而受到獎勵。

5.我所屬單位沒有差別待遇。

　　雖然美國農業部非常滿意該項工作生活品質的調查。但是一項好的工作生活品質計畫，應能對機關有貢獻的員工及時給予獎賞，並鼓勵員工從事研究或提出創見。不過這也顯示出工作生活品質在行政機關實施的偏差，因為其不僅追求機關生產力的改進，但也追求員工在工作上的滿意度。但行政機關往往過份重視前者，是以一項好的工作生活品質計畫應能在機關生產力改進與員工工作滿意度間取得均衡。

第四節　員工建議制度（employee suggestions）途徑

美國政府除了採取品管圈、建立工作團隊、工作生活品質三種主要行政管理計畫以推動行政機關生產力改進運動外，尚有一項仍爲其他行政機關所採行的參與式管理模式，員工建議制度（employee suggestions）。

美國對員工建議制度頗有研究的學者赫斯曼先生（Hirschman）曾說：假如員工對老闆忠誠，又假如他認爲他能夠改進不滿意的工作情況，那麼他會留在工作崗位上，並且把他的看法說出來，而不是默默的離開。員工建議制度要能實施成功，則長官必須很愼重處理員工的建議。

行政機關實施員工建議制度的方式包括建立正式的申訴程序及建議制度、經常舉行員工與管理人員的溝通會議、諮詢服務等。不論採行那一種，一定要建立公開化及制度化，否則不易成功。因爲員工害怕指出機關的問題而遭受責難，或提出新的構想或理念，而妨礙其升遷的機會。爲解決此一問題，美國環境保護署乃採取「赦免」（amnesty）方式，即任何一位員工的建議如遭受他的上司或同仁的攻擊，他即可提出赦免。即沒有關係，我們是在解決問題，而不是在批評你們⑨。

美國功績制保障委員會（The Merit Systems Protection Board）曾對聯邦政府實施員工建議制度的機關加以研究，並於一九八六年發表三項研究結論。

一、機關組織愈大者，愈重視員工的建議，例如國防部。

二、各機關採納員工的建議比例大致差不多，約爲百分之二十五。

三、每一實施員工建議制度的聯邦機關的生產力均有改進。

【附　註】

① Holzer M. and Halachmi A., "Strategic Issues in Public Sector Productivity", San Francisco: Jossey-Bass, Inc., 1986. P2.

② Bowman J.S., "Quality Circles for the 1990s" in Holzer M.(ed.), " Public Productivity Handbook", New York: Marcel Dekker, Inc., 1992, P499-515.

③ Shafritz J.M., Riccucci N.M., Rosenbloom D.H. and Hyde A.C., " Personnel Management in Government", New York: Marcel Dekker, Inc., 1992. pp437-453.

④ Bowman J.S., op.cit,, P500.

⑤ Shafritz J.M., op cit., pp443-445.

⑥ Gilber G.R. "Quality Improvement in a Federal Defense Organization" in Public Productivity and Management Review, Volume XVI, Fall 1992, pp65-76.

⑦ Shafritz J.M., op cit., pp437-453.

⑧　Larson J.S. "Employee Participation in Federal Government" in Public Personnel Management Vol.18 No.4 (winter 1989) pp404-429.

⑨　Cohen S. and Brand R., "Total Quality Management in the U.S. Environmental Protection Agency" in Public Productivity and Management Review, Volume XIV, Fall 1990, pp99-115.

第四章　品管圈管理途徑

第一節　概　說

第二次世界大戰以後，日本開始經濟重建。他們缺乏熟練的工人，因此就冀望外國的顧問能協助他們建立一強大的工業經濟。在一九五〇年代初期，日本聘請二位美國工程師到日本，舉行一連串有關品質控制，衡量產品品質的統計抽樣技術等有關之演講。並提出品質控制圈（quality control circles）的概念。

論者有謂，日本於二次大戰後，能成功崛起於世界市場中，主要歸功於日本工業界普遍實施工人參與的管理技術，即所謂的「品質控制圈」①。

第一個品質控制圈於一九六〇年在日本設立，由於實施的成功，因此品質控制圈乃繼續擴大實施。日本科學家與工程師協會（The Japan Union of Scientists and Engineers）曾提出研究報告，指出至一九八七年為止，日本全國大約有二五〇、〇〇〇個品質控制圈，參與人數約為三百萬人。在不到三十年間，該項管理技術為日本經濟創造了二五〇億至三〇〇億美元②。

在日本，品質控制圈之所以成功，主要原因厥為能與日本文化相結合，亦即品質控制圈與日本文化中的小團體傳統，勞資的

合作關係，管理階層有很大的權力，終身僱用制等相包容。因此
實施品質控制圈不會有格格不入的感覺。在此值得一提的是，日
本大抵祇有工業界才實施品質控制圈，不像美國，自引進該項管
理觀念後，不僅在工業界，而且在服務業，醫療保健業和行政機
關均紛紛仿效採行。

第二節　美國引進品管圈之背景

　　自從一九六九年後，美國全國生產力已降至第二次世界大戰
後的最低水準。例如一九七三年至一九七四年，美國有六個季的
生產力持續下降。不僅私人企業方面的生產力大為降低。而且各
級政府所提供之各項施政質量與其所增加的成本和稅收不成比例。
簡言之，政府所提供的各項服務品質太差而且成本過高，以致許
多大都市頻臨破產邊緣，一九七五年紐約市幾乎宣告破產，而由
州政府接管，即是一例。

　　因此提高生產力乃成為當時美國全國性的一項重要課題，而
實施品管圈卻被認為可能達此目標的最佳途徑。原因為經調查研
究顯示，品管圈比其他參與管理途徑如工作生活品質、工作豐富
化、員工參與決策……等更能提高組織的生產力。一九七四年，
美國洛克希德公司飛彈部門（The Lockheed Missile Division）
首先引進品質控制圈概念。但為了美國人尊嚴，儘管此項新的管
理途徑是學自日本，仍將名稱改為品管圈（quality circles），
以有別於日本。該項試驗，實施頗為成功，遂引起注意，但並沒

有被廣泛使用。因為大部分美國人仍認為不需要或不可能接受品管圈。

　　茲因市場競爭壓力愈來愈大以及美國政府財政發生困難，並且鑑於品質控制圈在日本工業界已實施得相當成功，致使美國許多企業公司和少數行政機關在一九八〇年代初期大膽嘗試實施品管圈。隨後，品管圈數目在美國迅速成長。例如紐約證券交易所（New York Stock Exchange）於一九八二年調查發現，員工人數在一萬人以上的公司，有百分之五十二建立了品管圈計畫。美國管理協會（The American Management Association）於一九八五年報告，所調查的公司有百分之三十六實施品管圈。美國學者奧柏利（Aubery）和費爾辛（Felkins）兩人於一九八八年研究指出，全美大約有二十萬員工參與品管圈計畫。而在行政機關方面，據統計美國聯邦政府有十四個機構實施品管圈計畫，約有二千五百個品管圈。而州政府，如密蘇里州、佛羅里達州、加州等亦有實施相當成功的品管圈計畫。又各地方政府實施品管圈者，更是不計其數③。

　　難怪，美國學者包爾曼（James S. Bowman）會以品管圈「革命」（revolution）來描述品管圈運動在美國如火如荼推廣情形。

　　然而何以在日本，祇有工業界才大力實施的品質控制圈，而美國的行政機關亦在實施呢？揆其原因有二：一為在討論生產力改進問題時，美國的專家學者都不會把政府部門遺漏。因為美國政府尤其是聯邦政府為美國全國最大的雇主，所雇用的員工比任

何一家私人企業或任何地方政府要多。因此，他們都期望政府在
這方面能扮演領航者之角色，積極來推動品管圈運動，以提高行
政機關的生產力。二為美國自日本引進品管圈管理技術後，就被
視為一九五〇和一九六〇年代後人群關係運動（Human Rela-
tion Movement）的延續。在日本品管圈是品管控制部門（
Quality Control Department）負責。在美國，則大都由人群關
係部門（Human Relations Branch of an Organization）負責。
換言之，自從品管圈在美國廣為流行後各行政機關原先負責人群
關係事宜的單位，就轉為推行品管圈運動。

第三節　品管圈之涵義及其功能

　　由於美國在一九八〇年代生產力問題持續惡化，因此生產力
改進仍成為一九八〇年代美國國家的施政重點，而品管圈運動卻
被認為可能提高公私機構生產力的最佳途徑。是以一九八〇年代
可說是美國試驗品管圈最盛行的時期。

　　至於何謂「品管圈」呢？

　　所謂「品管圈」係由一小團體的人們（大約為六至十二人）
所組成，他們從事相同或相似的工作，定期集會（通常一週一小
時）討論、分析、研擬及解決與工作有關的問題。即員工可參加
與工作有關的決策，如執行獲致成效，則立刻獲得機關主管的獎
賞④。

　　基於上述的定義，可知「品管圈」概念具有三項特點：

一、**團體的行為**：品管圈成員在小團體裡，不僅可滿足他們的社會需求，而且由於品管圈的集會型態和共同解決問題的特性，減低了團體決策過程的不穩定性，並且亦可兼顧組織與成員個人的利益。

二、**參與決策**：即指員工參加與他們工作有關的決策。由於機關接納員工對問題的解決方案或建議，員工目睹他們自己的建議被採納，因而改變了他們對於工作的態度，自然而然就會產生出一動機很強烈的工作情緒，工作績效自然提高。

三、**工作具成效，立即獲得獎賞**：機關的品管圈計畫因經常公開報導各品管圈的活動情形，無形中提高了品管圈成員在機關裡的地位。如達成規定的目標，更可獲得機關首長的獎勵如激勵獎金。

品管圈的基本假設為員工對於改進現有工作程序的潛能未被激發出來。他們認為人力是機關最重要的資產，且是一項昂貴但很有價值的資產。因此，希望藉由品管圈的途徑，即小型的，自願性的，同質性的解決問題工作小組，集中人們的智慧，開發員工潛能，同心協力，以提高工作績效。

品管圈所追求的目標有下列四項：

㈠提高機關服務的品質；

㈡解決機關的問題；

㈢研究如何達成機關或單位的目標；

㈣改進主管與員工間的溝通管道。

在美國聯邦政府，實施品管圈可以改進機關員工的士氣和提供更多的利益,例如提高機關的效率和減少費用的支出。美國功績保障委員會調查研究聯邦各機關,發現實施品管圈可產生許多有意義和正面的功能。

第四節　品管圈之實施步驟或程序

美國學者布瑞爾(Blair)和海德(Head)認為行政機關設置品管圈要成功,取決於外在及內在兩項因素。

外在因素為:㈠環境的因素(如經濟的情況)。㈡組織的因素(如管理哲學)。㈢工作結構(如工作特性)。㈣個人因素(如員工態度)。

內在因素為:㈠品管圈的設計。㈡實施期限。㈢活動的情形。㈣參與的性質。

他們兩人又認為外在因素比內在因素影響要大,例如缺乏行政主管的支持,中層管理人員的抗拒,員工的高離職率等,則比較不適合實施品管圈,即便勉強實施,也不易成功。

一個機關在實施品管圈前,則需要考慮下列因素:

1.診斷如何準備設置品管圈。

2.決定最適合該機關的管理方式。

3.設計最適當的執行計畫。

4.不要好高鶩遠,目標要實際。

5.選擇適當的參與人員。

6.要相信品管圈對機關文化會有所轉變。

具體而言，機關實施品管圈，則須經過下列四個準備階段：

一、需要評估：首先要找出機關發生那些問題，一旦問題確定後，則立刻加以評估。如果確定某項問題需要解決，那就進行下步驟。

二、訂定目標：此可由勞資雙方或機關管理階層及員工相互合作，擬訂合理的目標。

三、領導者訓練：管理人員和單位主管均應接受品管圈的領導者訓練，瞭解實施品管圈的方法，與可能面對的問題情況及如何加以解決等。

四、建立工作團隊：員工亦應接受品管圈方法的訓練，俾使他們參加品管圈活動時，能主動瞭解如何發掘，並選擇與他們工作有關的問題，以及如何向他們的主管提出解決問題的方法。

總之，品管圈是一項員工參與（employee involvement）的管理途徑。它的結構需要與現行機關組織結構相結合，不能獨立於機關組織之外，亦即要將品管圈注入現行機關組織結構之中，其結構型式如表一。

表一

　　一旦行政機關建立起品管圈組織時，為求發揮功能，則需依循一定的模式運作，其程序為下：

　　問題的認定→問題的選擇→問題的分析→研擬解決方案→向主管提出解決方案→執行⑤。

　　在品管圈會議時，成員間不得相互批評，任何決定須在共識下達成，且每位成員須依序參加品管圈，以確保員工參加各種品管圈的平等權利及避免少數品管圈為某些人士所把持。

　　在品管圈開始進行問題的認定階段時，問題須與工作績效有關，不得選擇與薪津、福利、昇遷，人際間的不睦或其他團體的工作績效作為問題研究的對象。

　　當問題經選擇、分析並獲致合理的解決方案後，品管圈的成員必須準備口頭報告，向機關的主管階層至少包括一名高級主管說明問題的重要性及分析解決方案的利弊得失。如獲得同意，則立刻加以採行。

　　一般而言，管理階層大都會接受和執行品管圈所提的解決方案。原因厥為各機關品管圈的協調人或推動者（facilitators）已隨時向管理階層報告該品管圈的工作進度情形，而他在參加品管圈會議時，亦會隨時反映管理階層對此問題的看法。

　　另者，機關在推動品管圈運動時，需要設立一指導委員會，成員包括品管圈的協調人、工會領袖、中上管理階層的代表等。由機關的主要負責人之一擔任主席。它的功能為於每週集會時，瞭解機關上週各品管圈的活動情形，規劃如何推動品管圈方案，研商解決可能發生的問題，評估品管圈計畫的效能等，俾使機關

的品管圈運動朝正確方向發展，並擴展至機關的每一個單位，以
建立制度化。

第五節　美國行政機關實施品管圈情形

　　品管圈是勞資雙方合作型式的一種，於一九八○年代開始於
美國廣為流行，並成為員工參與管理運動的先驅。美國的品管圈
雜誌（Quality Cirle Journal）亦不斷報導私人企業包括少數行
政機關實施品管圈成功的事例。在當時，許多美國大公司如
General Motors, Chrysler Corporation 3M, Xerox, Lockheed,
Union Carbide等著名企業均有實施品管圈的計畫。

　　其中較為著名的事例為：美國通用汽車公司（General
Motors）的 Tarrytown零件裝配廠，在未實施品管圈前，是該
公司十八個廠中效率最差的，員工曠職率每年達百分之七點五，
每年員工申訴案有三千多件。該廠實施品管圈十年後，效率改變
為該通用汽車公司十八個廠中最好的一廠。員工曠職率降為每年
祇有百分之三，每年員工申訴案件減為三十二件⑥。

　　由於私人公司在推廣品管圈運動相當的成功，及在美國輿論
要求行政機關亦要提高生產力的壓力下。有許多行政機關包括聯
邦政府、州政府及地方政府亦相繼投入實施品管圈行列。據統計，
在一九八六年，有十四個聯邦機構實施品管圈計畫，品管圈約有
二千五百個，參與員工約有三五、○○○人。而州及各地方政府
的品管圈數目，亦為數不少。然成功的事例並不多見，雖有少數

行政機關成功，但亦僅爲試驗性質，並沒有推廣至每一個機關的每一個單位，建立制度化。

在聯邦政府方面實施品管圈後成功者有美國海軍在諾霍克（Norfolk）造船廠和退伍軍人行政處（Veterans Administration）。

在州政府方面，實施最成功的首推密蘇里州政府在品管圈計畫（The Missouri Quality-Circle Program）。一九八二年密蘇里州州長克里斯多福（Christopher）提出一項新的行政革新計畫。此項計畫的重點爲在州行政機關建立品管圈。在那時，美國聯邦、州以及地方政府實施品管圈計畫者並不多見。密蘇里州該項品管圈計畫，在當時堪稱爲一項大型的品管圈計畫。至一九八七年時，在密蘇里州的六個行政機關裡，計有一二五個品管圈，實施頗具成效。最初品管圈祇注重工作程序的問題，較不注重成本和節餘的問題。隨後則開始關注成本和節餘方面的問題。

在地方政府方面，如密蘇里州第二大城市Biloxi市，市長於一九八〇年發布一項行政命令，要求每一市政單位要成立一品管圈（又稱爲功績委員會Merit Council）。由管理和非管理人員組成。成員經由同仁相互選舉產生。每一品管圈人數約爲十六至二十人。其主要目的爲藉團體途徑來解決機關的問題。集會場所是遠離辦公室，使他們不受電話聲或其他同仁的干擾，可以專心的共同研究各機關的問題。在達成解決問題的途徑時，大家都可充分表達他們的看法並參與討論⑦。

第六節　美國行政機關推動品管圈之障礙

要使機關推動品管圈能夠成功，則仍需要下列四個條件的相互配合，否則很難依前述的階段順利開展，最後仍像許多企業公司一樣，由於不能發揮預期功效，無聲無息的結束品管圈計畫。

一、獲得政治的支持：惟有獲得政治的支持，即立法機關和行政首長的全力支持，才可擬訂長期的品管圈計畫。

二、組織的管理：即機關的組織文化或管理方式，必須是實施參與式的管理。

三、維持和提昇：品管圈計畫的負責人必須要隨時注意員工的進用、訓練等制度的問題，俾免品管圈因員工的離職或昇遷而中斷。且亦需不斷的改進和重新設計品管圈計畫，以配合機關的變遷。

四、管理階層的參與：品管圈計畫需要有回饋和監督的功能，以隨時解決管理人員與員工間的齟齬，是以品管圈計畫要獲得機關中、上管理階層的參與或支持，始能成功。

茲將阻礙美國行政機關推動品管圈計畫的因素說明於下：

一、在日本，品管圈大抵僅適用於工業界，主要目的為產品或工作績效的改進。日本人很嚴格管制產品品質和減低成本，並以此來衡量品管圈的效率。在美國，品管圈被視為參與管理的一種技術，偏重人群關係，較不強調產品品質和蒐集資料。有些機關使用一些衡量的標準如工作人員滿足表，假設性節省多少費用，但卻很少依實際的生產成果或服務的品質作為衡量的基礎。也由於此，品管圈計畫顯得相當的脆弱，有如建築在沙灘上的房屋，禁不起考驗。沒有這些生產或服務品質的資料作為基礎，不僅很難對機關品管加以衡量，且有礙於往後的繼續擴大實施⑧。

　　二、不像私人企業，在管理階層和工會認為值得，就可實施品管圈計畫。在政府機關，則必須獲得立法機關或行政首長的同意，方可實施。要真正提高機關的效率，則必需面對政策修止和長期投資等各項問題，即任何行政革新計畫要產生預期的效果，往往要超過民選或官派行政首長的任期之外，因此他們必須做一痛苦的政治抉擇。但結果往往是他們寧願選擇能夠立即或在短期間內產生效果的計畫，而不願採行過程相當緩慢和漸近的品管圈計畫。

　　三、美國勞工領袖溫厲格爾（William Winpinsinger）曾對品管圈提出以下的批評：1.使工人與工會分裂。2.使員工負擔所有品質的責任。3.創造額外的生產力（利潤），但員工卻不能分享。

　　四、實施品管圈要成功，有一先決條件為機關的管理方式須為參與式管理。在行政機關官僚體制下，層級節制，很少有機關是採參與式的管理。除非行政機關能創造一環境，使員工本身能夠確定和解決與工作有關的問題，亦即改變機關的文化，使之與品管圈特性相容，否則品管圈計畫將仍像其他行政革新計畫一樣，不能發揮其應有的功能⑨。

第七節 結 語

論者有謂，美國私人企業和行政機關實施品管圈有可能發生下列三種情況，即逐漸式微、維持現狀或擴大實施。

第一種可能情況爲逐漸式微，最後銷聲匿跡。原因爲美國工業界的大部分員工感覺管理階層很少傾聽員工所提的與工作有關的問題。既使有，也沒有積極採取對策。而此點，正是品管圈所必具的特性。此外，不積極推動品管圈的結果，爲品管圈數目逐漸減少或轉變回傳統的工作組織型式，以致品管圈計畫無疾而終。

第二種可能情況爲保持現狀。在此種情況下，品管圈仍被認爲是一項正確的參與式管理觀念，但可惜的是，一般美國組織文化，並沒有隨著轉變。質言之，品管圈並沒有植根於美國文化上，不像日本，品管圈已成爲他們工作生活的一部分。因此此項在一九八〇年代相當流行的品管圈可能被視爲過時的觀念，而在推動時，亦可能遭遇到阻礙或挫折，以致不可能繼續擴大實施，頂多保持現在規模而已。

第三種可能情況爲擴大實施或轉變型式。有些美國專家學者對品管圈未來仍深具信心，預測至一九九〇年代，美國全國行政機關品管圈數目可能會持續增加。但有些專家學者則認爲品管圈會轉變型式，即品管圈的小團體解決問題方式仍被廣泛使用⑩。例如品管圈管理途徑可轉變爲高度自我管理團隊。據調查，約有二〇〇家美國工廠試驗設立自我管理團隊，由工人自選領導人，負責例行性管理工作。

我們認爲美國是個多元的社會，品管圈祇是參與管理途徑的一種，一九八〇年代在美國相當流行，但進入一九九〇年代，則已逐漸轉變爲其他型式的管理途徑。亦即美國行政機關的品管圈運動在一九九〇年代後，係朝第三種情況發展，即轉變型式繼續發展。

【附　註】

① Joyce L.R. and David L.R., "The Potential for Application of Quality Circles in the American Public Sector" in Holzer M.and Halachmi A.(eds), "Strategic Issues in Public Sector Productivity", San Francisco: Jossey-Bass Inc., 1986, P119.

② Bowman J.S., "Quality Circles for the 1990s" in Holzer M.(ed.), "Public Productivity Handbook", New York: Marcel Dekker, Inc., 1992, P500.

③ Joyce L.R. and David L.R., op.cit., pp499-525.

④ Denhardt R.B., Pyle J., and Bluedorn A.C., "Implementing Quality Circles in State Government" in Public Administration Review, Jyly/August 1987, pp304-309.

⑤ Bowman J.S., op.cit., P507.

⑥ Joyce L.R. and David L.R., op.cit., P131.

⑦ Gabris G.T., Mitchell K., and Mclemore R., "Rewarding Individual and Team Productivity: The Biloxi Merit Bonus Plan." in Public

Personnel Management Vol 14, No.3 (Fall.1985) pp231-245.

⑧　Shafritz J.M., Riccucci N.M., Rosenbloom D.H. and Hyde A.C., " Personnel Management in Government", New York: Marcel Dekker, Inc., 1992, pp437-453.

⑨　Larson J.S., "Employee Participation in Federal Management" in Public Personnel Management Vol.18 No4(winter 1989) pp404-429.

⑩　Bowman J.S., op.cit., pp509-512.

第五章　美國行政機關行政管理革新運動之轉變

第一節　行政機關生產力改進計畫成效不彰之原因

美國政府在一九七〇和一九八〇年代所推動的行政機關生產力改進運動，除了少數個別成功的例子外，就整體而言，並不具成效。再就該項生產力改進運動而言，在一九七〇年代末期達到最高峯，之後就逐漸走下坡。

美國國會會計總署在它的一九八三年一份報告中提出以下的結論：「茲因專注於員工每小時的產出，致使聯邦行政官員對生產力的觀念太過狹隘。造成了行政機關生產力改進計畫不僅得不到高級主管的支持，亦且缺乏連續性，因而中斷。」例如由美國國會會計總署、財政部、管理預算局等共同組成的聯合財政管理改進計畫委員會對生產力的定義爲生產產品或提供服務的效率或在一定期間內產出和投入（output/input）的比率。生產力係數係指在一定期間內衡量一組織的效率（即產出和投入比率），並將其與上次的產出和投入比率作一比較，所得的係數。並且配合美國勞工統計局對私人企業生產力的衡量標準，亦將投入僅限於人員，是以生產力成為機關每位員工的產出，而沒有把效能包含在內。此種不夠嚴謹的生產力改進計畫，當然成效不彰，因此該委員會運作了三、四年後，就不再向美國總統及國會提出聯邦政府每年生產力改進報告①。

在一九七〇年代和一九八〇年代初期，美國聯邦政府生產力運動的焦點是在如何節省經費支出和減少聯邦政府的預算赤字。因此僅管生產力改進計畫對政府成本支出的減少頗具成效，但均屬於短期且個別的性質，並沒有採取長期的、宏觀的觀點。面對一九八〇年代，美國政府的預算赤字日趨龐大，使得美國人民再也忍受不了日漸膨脹且平庸無能的政府。因此，在當時有一些刊物如「向浪費宣戰」（War on Waste）、「燃燒的金錢」（Burning Money）以及人民團體如「人民反對浪費」（Citizens Against Waste）組織等相繼產生，其目的均在反對政府的無效率和浪費②。由此可見，就如何節省經費支出和減少聯邦政府預算赤字這項目標而言，美國聯邦政府所推動的生產力改進運動並不成功。

此外，廣受美國行政機關實施生產力改進計畫所採行的品管圈，美國私人企業於一九八〇年代中期以後，就相繼宣布中止品管圈計畫，致使有關品管圈成功事例的報導逐漸減少，因而美國政府的許多行政機關亦隨著中止實施品管圈計畫。

探討美國政府行政機關生產力改進計畫成效不彰之原因，除了上述三項主要因素外，尚有下列五項③：

一、由於政府的壟斷特性，使得行政機關員工相當的保守，不願接受新的觀念、競爭和改革。

　　二、由於強調短期思考方式和受到年度預算的限制，妨礙了長期的服務品質改進。結果，持續不斷的改進辦事程序、員工的訓練和提昇服務的品質，這些能夠滿足民眾需求的措施，反而被忽略。

　　三、由於實施以年度作為基礎的員工考核制度，造成了許多反效果。現行的人事管理和考核制度剝奪了管理人員和員工的工作動機，阻礙積極性競爭、破壞團隊士氣和產生恐懼。其只注重結果，不注重服務的品質，並以結果作為員工獎懲的依據，使得員工往往為了績效，而不管其所提供的服務是否符合民眾的需求，亦即忘記了他們服務百姓的目標。

　　四、行政機關過份強調專業化、個別化和部門化，使得技術官僚僅以自己的專長來考慮事情。也就是說，機關的用人係以特殊的專長作為條件，規定在職位說明書上，那麼個別化必然形成，自然而然地機關的團隊士氣不易形成。

　　五、仍舊依賴 X 理論的機關層級節制管理。目前美國許多行政機關仍採用韋伯的層級節制管理（Chain of Command）方式，封殺了員工參與機關問題的解決和設定機關目標的動機，而此是與行政機關生產力改進計畫必須採行參與式管理，背道而馳的。

　　總之，美國的私人企業在一九八〇年代中期以後，持續面對世界各國的競爭、顧客的不滿意和全球經濟的不景氣，紛紛揚棄了品管圈，而採行在日本已實施相當成功的全面品質管理（Total Quality Management），以提昇生產力和品質。

在美國行政機關方面，面對龐大的預算赤字以及人民反對政府浪費的聲浪，且基於以往以減少政府成本支出的生產力改進計畫不具成效。使得美國的專家學者對生產力改進的思考轉變方向，認為生產力改進應可增加產品或服務的價值。因此生產力改進計畫不應只期望在短期內可以減少政府預算的支出。換言之，祇有在增加產出價值或使用資源的效率改進時，然後才可以使用生產力改進來減少全部的成本支出，增加服務品質或提供新的服務。此項新的行政管理方式可以彌補以往祇有把焦點全部放在削減政府預算的缺失上，此項新的行政管理方式的特點在於強調把私人企業經營方式運用到行政機關上或把許多的政府服務轉變為民營化型式。最明顯的例子，就是在一九八〇年代聯邦政府減少對州及地方政府的補助，以及雷根和布希政府相繼採行減少預算赤字的政策，促使機關民營化盛行。

第二節　行政機關引進品質管理之背景

就美國人而言，四十年前「日本製造」（made in Japan）是與「便宜貨」（cheap）或「次級品」（inferior products）同義。可是至今，「日本製造」卻成為「高品質」（high quality）的代名詞。而「美國製造」（made in America）係一句口號，激發美國人的愛國情緒，即買美國貨可保護美國人的工作機會和刺激經濟發展④。

日本工業能夠兼顧大眾化和品質，有一事例可加證明。美國一家公司向日本購買零件，該家公司用美國式契約方式向日本採購並訂契約。契約上訂明「我們需要一萬件指定的零件，但若零件的瑕疵在一定的比率內，我們仍可接受。」這是標準的美國大量採購方式。

當這家美國公司收到其所指定的一萬件零件時，發現有一箱裏面全是瑕疵品，並附有一信函，書寫：「我們不清楚您們為何需要這些瑕疵品，但我們遵守合約的規定，把這些瑕疵品附上。」

由此可知，美國人是如何的不重視品質，而日本人卻對產品或所提供服務的品質持一絲不苟的態度。讓我們覺得日本人的成功不是沒有原因的。

此種不重視品質的心理亦是美國文化的一部分。美國人普遍喜歡物美價廉，但不實用。因此，有人會說，若你要買品質，那麼就到歐洲去！例如，要買高品質的水晶玻璃，那麼就到法國；假如要買高品質皮製品，那麼就到意大利；假如要買高品質手錶，那麼就到瑞士；假如您要購買物美價廉的東西，那麼就買美國貨⑤。

此種不重視品質的心理曾使美國許多大企業遭受空前的營運危機，所幸在一九八〇年代以後美國許多企業公司紛紛從日本引進全面品質管理技術，而使得公司轉虧為盈，致造成風潮。茲舉二例說明之：

在一九七〇年代以前，全錄公司（Xerox）幾乎是影印機的代名詞。但自從一九七〇年代以後，面臨日本影印機工業的挑戰如高品質、低售價。使得全錄公司在北美洲的市場佔有率從原有的百分之九十三降至百分之四十。

　　福特汽車公司亦面臨相似的困境，被日本高品質和低售價的小汽車所衝擊。一九七八年至一九八二年，小汽車和卡車的銷售量降低了百分之四十九，結果造成了三十億美元的損失。

　　上述兩家美國大企業在痛定思痛後，採取了日本全面品質管理策略，使得福特汽車公司於一九八一年至一九八九年，在市場佔有率由原先的百分之十六點三升至二十二點四。結果公司由原先的虧損十億美元轉為淨盈四十億美元。而全錄公司亦奪回在影印機工業科技的市場佔有率。影響所及，美國許多大小公司亦紛紛採行全面品質管理策略⑥。

　　就傳統而言，管理人員為確保品質，都會在產品製造的最後階段，即在產品或服務提供給顧客前，才實施品管。此種管理途徑，將品管的責任推給所謂的品管專家（quality control experts）。

　　全面品質管理，則把品質與製造產品或提供服務的過程結合在一起。品質不僅是品管專家的責任，亦是每位員工的責任。而品質的好壞，完全由顧客決定。亦即一項高品質的產品或服務，均能符合顧客的期望和需要。

　　由於美國私人企業公司在一九八〇年代以後，紛紛採行全面品質管理，蔚為風潮並形成一種新的管理運動。因此不少專家學者認為品質已成為美國一九九〇年代的管理標語（Quality has become the management watchword for the 1990s）。

　　前已詳細說明了美國私人企業的不重視品質，在美國行政機關亦是如此。美國憲法從沒出現「效能」的文字。事實上，美國政府本身的設計就是缺乏效能。民主本身就是高度的缺乏效能。行政機關受到僵硬法規和官僚層級節制的束縛，受到政黨政治的影響即機關首長隨著政黨選舉而更替，受到對公務人員不大信任的大眾媒體的監督等等因素，使得政府的施政措施很難符合人民的需求。

就美國政府而言，一九八〇年代已成為緊縮政府的時代（the era of less government）。政府所面對的是龐大的預算赤字壓力，以及人民反對政府浪費的聲浪。例如美國每年的醫療保險費用支出幾乎以百分之二十五至三十的驚人幅度增加，幾乎每隔三十個月就上漲一倍。由於缺乏品質的觀念，導致造成很多的浪費。換言之，美國政府在一九八〇年代所面臨的困境，有如美國一九七〇年代的製造業，不得不尋找一革新性的管理策略以解決困境。最直接的方式就是引進在私人企業實施頗具成效的管理策略，在當時就是全面品質管理。

美國國防部在面臨預算被大量刪減的困境時，曾請戴明（Deming）協助重組該部的組織。戴明先生是美國提倡全面品質管理運動的先驅。日本政府為了感謝戴明先生協助日本推動全面品質管理的貢獻，設立了戴明獎（Demning Award），作為日本全國品質改進的最高榮譽獎。目前美國國防部是聯邦較大機關中，第一個有系統、有計畫引進品質管理的機關，而且實施相當有成效。

此外，美國財政部國稅局（the Internal Revenue Service）

為了解決預算被刪減的困境，亦聘請有名的全面品質管理專家朱諾（Juran）先生，推動該機關的品質改進計畫。該項計畫在當時是相當引人注目的。

朱諾先生認為缺乏品質觀念，除了會引起顧客的抱怨外，有時尚因產品的設計錯誤或瑕疵而須重作，產生許多的浪費，這些浪費據估計約造成私人企業每年百分之二十至四十的營業損失。就美國財政部國稅局設在Ogden中心而言，其每年預算約為一億二千五百萬，若因服務品質改進，而減少百分之十的浪費，則約可節省一千二百五十萬美元。推而及之，該局在美國全國各地有十個中心，若實施品質改進計畫成功，五年期間約可節省六億二千五百億美元。

由於上述兩機關引進品質管理並且實施得相當成功，致使其他行政機關亦相繼試驗採行。據漢里斯（Louis Harris）的一項問卷調查顯示，有百分之六十六的行政主管說，他們的機關已提出新的品質管理哲學（a new quality philosophy）⑦。

除了聯邦政府外，威斯康新州、密西根州、明尼蘇達州、阿肯色州和加州等都有引進品質管理的技術。

據統計，在美國至少有三千家以上公司正式採行全面品質管理。而在政府方面，至少也有四十個以上，且陸續在增加中。因此有人稱此為美國全國性的品質運動（quality movement）。

第三節　行政機關之品質改進政策

　　全面品質管理，在美國私人部門，被宣傳爲一項可增加美國公司在國際上競爭能力的轉型過程。在行政部門，則被宣傳爲一項必需的現代化過程，可使政府更有效率和節省成本支出。

　　美國哈佛大學巴茲里（Barzelay）教授說：「品質管理是一種催化劑，將政府的管理由官僚典型轉爲後官僚典型（a post-bureaucratic paradigm）」。他認爲品質管理不是解決問題的萬靈丹，而是一種媒介引導我們至新管理典型的方向⑧。

　　此種新管理典型改變了行政機關管理人員的觀念，亦即政府在以很有效率方式提供相當有效能的服務時，亦應維持服務的品質。一九七〇年代和一九八〇年代初期的美國行政機關生產力改進計畫著重效率和效能，而忽略了品質的重要性。現代的行政管理理論認爲沒有品質，就不能稱爲生產力改進計畫。並且要揚棄以往經由檢查或行政命令來確保產品或服務品質的觀念，要將品質觀念植基於提供產品或服務的人。要求員工一開始就把事情做對，並且做事情要講求方法，而不是蠻幹（work smarter, not harder）。

　　美國國會和行政機關在一九八〇年代末期之所以對全面品質管理感到興趣，主要原因是他們一直誤認爲品質早已是他們的目標之一，並且用傳統管理方法就可以達成。但是後來事實證明除非引進新的行政管理途徑，改變機關組織的文化，將品質觀念融入員工的人格中，方可確保產品或服務的品質，否則將如椽木求魚。亦即至目前，美國政府才開始將品質列爲一項改進績效的制度性目標（an institutional goal of improving performance）。

質言之，品質改進是一項長期追求的目標，而不是短期內可能達成。

　　美國聯邦政府追求品質政策始自雷根政府時期。美國前總統雷根於一九八八年四月二十七日發布一項行政命令，要求所有聯邦機關確實依照「聯邦政府生產力改進計畫」（Productivity Improvement Program for the Federal Government）推動行政革新。該項改進計畫主要目的是要改進聯邦政府服務的品質、時效和效率。

　　生產力係指機關在一定品質、時效上提供某項產品或服務時，所使用資源的效率而言。服務對象包括百姓、生意人、州和地方政府以及其他的國家和他的人民等。

　　該項改進計畫規定聯邦政府所提供各項可衡量的服務，必須要符合一定的品質標準。亦即已把品質觀念引進公共服務上。並且把提昇服務品質的責任落實在各機關首長、管理預算局局長及聯邦人事行政總署署長身上。

　　每個行政部門首長每年必須提出有關該機關的行政革新計畫，計畫中應包括品質改進措施，以及擬訂改進服務品質的目標和目的（包括品質、時效和效率）。該計畫如獲管理預算局局長核准，即可加以執行。機關首長每年應對執行成效加以分析評估，例如節省多少成本支出，並向直屬總統的行政辦公室提出報告（the Executive Office of the President）。

　　每一機關首長均應指定一位高級主管推動和執行該機關的行政革新計畫。對管理人員的考核，必須包括他們對達成品質和生產力改進目標的程度。

「聯邦政府生產力改進計畫」並且要求管理預算局局長負責有關聯邦政府生產力改進成敗的責任。亦即該局局長為確保各聯邦機關確實推動生產力計畫，必須擬訂生產力計畫的目標、政策、原則、標準和指導方針，以供各聯邦機關遵循。而且要找出或發掘阻礙推動生產力計畫的因素，並提出解決方案加以克服。管理預算局局長必須定期向國會報告有關推動生產力計畫的執行情形及其成效。

美國聯邦人事行政總署署長負責審查聯邦政府各機關的人事和激勵政策，以及各機關為達成品質和生產力目標所擬訂各項與人事有關的政策，如鼓勵員工參與決策，以及對有績效員工頒發獎金或獎勵的方式。

美國聯邦人事行政總署負責舉辦有關聯邦政府員工的訓練事宜，以提昇員工的生產力。而且亦要找出因執行生產力計畫而可能對員工產生負面作用或效果的因素，並提出解決方案加以克服。

總之，美國前總統雷根於一九八八年所頒布的「聯邦政府生產力改進計畫」，要求美國管理預算局局長在聯邦人事行政總署署長及聯邦各機關首長通力合作下，共同努力推動與執行「聯邦政府生產力改進計畫」。

美國管理預算局依「聯邦政府生產力改進計畫」，訂定聯邦政府生產和品質改進指導方針，並發函農業部、商業部、能源部、內政部、司法部、勞工部、國務院、交通部、財政部、環境保護署、行政服務處、衛生部、住宅和都市發展處、太空總署、聯邦人事行政總署、新聞署和退伍軍人署等聯邦機關，要求其持續、漸進地改進聯邦政府服務的品質、時效和效率。

該局明確指出品質與生產力的關係密切相關，品質改進，生產力必然會提高。亦即聯邦政府員工有了品質觀念，一開始就把事情做對，如此就可避免所提供產品或服務有錯誤或瑕疵，因而必須修正或重作，減少不必要的浪費。換言之，政府成本支出減少，效率提高，自然而然地，機關的生產力就改進了。為了避免聯邦機關員工一味追求增加生產力，而忽略品質，因此該局特別強調在追求生產力時，亦需永續地追求品質的改進。為此，該局列舉了十項規定，要求聯邦機關確實遵照實施：

一、聯邦機關高級主管必需全心全力支持。

二、要注意服務對象的需要。

三、具體陳述每年的生產力和品質改進計畫及其目標。

四、每一機關的生產力及品質衡量標準要確實可行。

五、生產力和品質改進計畫的實施與衡量標準制度的建立是聯邦機關每一位員工的責任。

六、員工要參與機關的生產力和品質改進計畫。

七、對達成生產力和品質改進目標的員工要給予適當的獎勵。

八、要訓練員工如何改進機關生產力和品質的方法。

九、對不能適應生產力和品質計畫的員工，要施以再訓練或調整其職務。

十、要排除阻礙生產力和品質改進的因素。

上述規定，有些是符合全面品質管理的原則，有些則否。

　　美國管理預算局於聯邦政府生產力和品質改進指導方針實施不久後，再加以修正，俾符合聯邦各機關推動及實施生產力和品質改進的實際需要。

　　其中最重大的修正，就是將全面品質管理（Total Quality Management）名稱明確指出來，並要求所有聯邦機關都要實施全面品質管理。

　　美國管理預算局將全面品質管理（TQM）界定為：「一個全機關的管理途徑，即機關的每一位員工（包括管理人員和非管理人員）使用數量方法永續地改進機關辦事的程序、產品和服務，以符合百姓的需要和要求。」

　　美國管理預算局認為實施全面品質管理，不僅可以改進聯邦機關服務的品質，亦可增加生產力。另一個好處是可使每一聯邦機關都有相同的追求品質、時效和效率的生產力改進計畫，而不是像當初准許各聯邦機關擁有各自的生產力改進計畫，五花八門並不利於該局之統一管理。簡言之，如果聯邦各機關都實施相同的全面品質管理，可使管理預算局便於分析、研究、評估和比較各聯邦機關實施生產力和品質改進成效。

　　管理預算局並明確指出該局的角色為提供各聯邦機關有關實施全面品質管理的政策指導和協調事宜，創造一有利於各機關實施全面品質管理的環境，並監督各機關實施全面品質管理的成效。

　　管理預算局監督各機關實施全面品質管理的方式，主要有二種：

　　一為靜態的審查每一聯邦機關的年度生產力和品質改進報告。

　　二為動態的現場品質審核。成員由管理預算局與公私機構瞭解全面品質管理的專家共同組成。其目的為協助各聯邦機關評估生產力和品質改進計畫的進步情形，擬訂未來的目標，提供有關公私機構實施全面品質管理的新觀念及方法。

　　為了便於推動聯邦機關生產力和品質改進計畫之實施及管理，美國聯邦政府成立了一超部會的組織—直屬總統的管理改進委員會（the President's Council on Management Improvement）。該委員會係由二十三個聯邦機關的高級行政主管所組成的。在推動聯邦機關生產力和品質改進計畫上，該委員會擔任有如領航者的角色，因此除了與管理預算局共同協助聯邦各機關實施全面品質管理外，在必要時，它亦可對管理預算局及有關機關提出建議或改進事項。

　　該委員會主要的任務有下列三項：

一、負責聯邦機關有關生產力和品質改進全盤性政策之擬訂、規劃和指導事宜。

二、使聯邦各機關能共享有關的資訊和經驗。

三、鼓勵聯邦各機關以集體合作力量，推動最好的行政管理觀念和策略，以改進聯邦政府服務的品質、時效和效率。

　　為了協助聯邦各機關順利推動全面品質管理，美國聯邦政府乃成立聯邦品質協會（Federal Quality Institute）。

　　聯邦品質協會成立之初係一半獨立的組織，設有七名董事，為避免美國國會之監督，該協會的經費係由美國十八個聯邦機關共同分擔。

聯邦品質協會成立主要目的在使聯邦管理人員瞭解並協助推動全面品質管理。其所擔任的角色有如聯邦各機關實施全面品質管理的資訊交換中心。

為了使聯邦機關管理人員瞭解並協助推動全面品質管理，它推動並舉辦「聯邦機關行政主管瞭解全面品質管理一天研習會」。研習會是由各聯邦機關的高級主管分別主持，主要目的是指導各機關的行政主管如何實施全面品質管理。主題包括「設定實施全面品質管理的幾個階段，以滿足百姓的需要」，「服務品質是每位員工的責任」，「要持續不斷的改進」，「執行全面品質管理的重要性」等。

據統計，截至一九九〇年七月，聯邦品質協會舉辦了一五〇次以上的研習會，並約有三十七個聯邦機關的三千五百位以上聯邦行政管理人員參加研習會。

由於聯邦品質協會的成立並積極推動全面品質管理，使得往後幾年聯邦機關相繼試驗實施全面品質管理，並有許多成功的例子。

美國國防部是聯邦大型機關中實施全面品質管理最早且最為成功的，該部認為全面品質管理是一項管理哲學亦是一系列的指導原則，它們代表著一個持續不斷改進機關組織的基石。它使用數量方法和人力資源去改進機關的各項物質和服務、機關裏的所有辦事程序與百姓需求的滿意程度。它在一項旨在永續追求改進的嚴謹管理途徑下，整合所有重要的管理技術、當前的改進措施和各項技術工具。該部並認為全面品質管理就是一個組織變遷過程（an organizational change process），明確指出它的構成要素為數量分析、人力資源的衡鑑、顧客（百姓）滿意度的分析、重要管理技術的再整合。

此外，美國聯邦政府的環境保護署、社會安全行政處（The Social Security Administration）、教育部、住宅和都市發展處及美海軍出版品中心等都有實施全面品質管理成功的報告。聯邦品質協會並指定公平就業機會委員會、財政部國稅局和美國海軍在北卡羅來納州櫻桃點（Cherry Point）的航空訓練所等三個單位為實施全面品質管理的模範，作為聯邦各機關學習及參考的對象⑨。

在美國國會方面，美國國會會計總署（the U.S. General Accounting Office）所扮演的角色有如替國會看管聯邦經費的看門犬（Congress's watchdog），即監督聯邦經費的使用是否具有成效。該總署曾明確指出，現行很多聯邦機關一開始就注意經費的使用是否有成效，而不是於事後⑩。由此可知，現行美國行政機關的行政管理思想已產生重大轉變。更加證明了以往行政管理策略不僅過時老舊，甚至阻礙機關的進步。

美國國會會計總署認為美國管理預算局較重視預算問題，而不重視管理的問題，因此主動擔負起協助並監督聯邦政府的管理工作責任。

該署制訂一全面性管理評估計畫（General Management Reviews），即全面性的評估各聯邦機關的管理活動。該計畫的基本目標為建立廉能且負責任的政府。

　　全面性管理評估計畫是美國國會會計總署用來糾正該署傳統
所使用的監督（audit）和評估（evaluation）方式的缺失。該計
畫注重全機關性的問題。自一九八四年起，該署已進行十九項評
估工作。該署並認爲納稅人付錢，所以要把對聯邦機關的評估結
果公布周知，其亦會追蹤考核各聯邦機關是否按照他們的建議逐
一加以改進，於每隔三至五年將考核報告提供各機關首長參考改
進。

　　此外，美國國會會計總署不僅提醒各機關首長應注意該機關
所發生的問題，亦會協助各機關解決問題。例如，從一九八九年
五月起，該署協助退伍軍人事務處（the Department of Vete-
rans Affairs），提醒該處在未來十年內，退伍軍人人口的改變，
因此將來退伍軍人的醫療和福利業務亦要隨著調整，以資因應。
該處乃要求美國國會會計總署協助其擬訂策略性管理計畫，即協
助其擬訂人力資源管理和績效考核制度（human resource
management and performance monitoring systems）⑪。

　　在州政府方面，威斯康新州、密西根州、明尼蘇達州、阿肯
色州、加州、德州及佛羅里達州等州政府都有實施全面品質管理
計畫。其中最著名的爲佛羅里達州政府的交通處（Florida
Department of Transportation），實施的最爲成功。

　　在地方政府方面，密西根州的Jackson市、威斯康新州的
Madison市、賓夕尼亞州的Erie市、紐約州的New York市及佛
羅里達的West Palm Beach市等市政府亦有實施全面品質管理的
計畫。

　　總之，至一九九〇年代美國行政機關的行政管理已由過去的
生產力運動（productivity movement）轉變爲品質管理運動（
quality management movement），且成爲一項全國性行政管
理革新運動。政府的管理型態亦由官僚典型轉變爲後官僚典型。

【附　註】

① Kull D.C., "Productivity Programs in Federal Government" in
Public Administration Review, January/February 1978. pp.5-8.

② Bouckaert G. "The History of the Productivity Movement" in
Public Productivity and Management Review, Volum XIV, Fall
1990. pp53-89.

③ Milakovich M.E. "Total Quality Management for Public Sector
Productivity Improvement" in Public Productivity and Manage-
ment Review, Volum XIV, Fall 1990. pp19-31.

④ Shafritz J.M., Riccucci N.M., Rosenbloom D.H. and Hyde A.C., "
Personnel Management in Government", New York: Marcel
Dekker, Inc., 1992, pp437-453.

⑤ Balk W., Olshfski D., Epstein P., and Holzer M., "Perspective on
Productivity" in Public Productivity and Management Review,
Winter 1991. pp265-279.

⑥ Watson J.E., and Hopp T.W., "The Private Sector's Experience
With Total Quality Management", in the G.A.O.Journal, Number
14, Winter 1991/92. pp.34-38.

⑦ Bowman J.S., and French B.J., "Quality Improvement in a State Agency Revisited" in Public Productivity and Management Review, Fall.1992. pp53-64.

⑧ Mizaur D.G., "Quality Government Is Government of the People, By the People, For the People." in Public Productivity and Management Review, Sumner 1993, pp371-377.

⑨ Milakorich M.E., "Total Quality Management for Public Service Productivity Improvement" in Holzer M.(ed.), "Public Productivity Handbook", New York : Marcel Dekker, Inc., 1992. pp577-602.

⑩ Richardson E.L., "The Value of Evaluation" in the G.A.O.Joural, Number 12, Spring 1991. pp37-42.

⑪ Morra L.G., "Where Managers Turn For Help", in the G.A.O. Journal, number 16, Fall/Winter 1992, pp68-80.

第六章　全面品質管理及其 在行政機關之應用

第一節　概　說

全面品質管理（Total Quality Management）是統計上的品質控制（Statistical Quality Control）和工業工程管理的產物，起初它僅適用於生產線和例行性的工作上。

早在一九五〇年代初期，日本工業界就已使用全面品質管理的理論和技術去改進他們的產品和服務的品質。但很諷刺的是，全面品質管理的提倡者卻是美國人。

美國希瓦特先生（Shewhart W.）於一九三一年首次介紹統計控制圖（statistical control charts）作為改進大量製造產品品質的主要方式。他在芝加哥西屋電氣廠的同事們在一九三〇年代將他的統計品質控制技術（statistical quality control techniques）加以推廣，並成功地在第二次世界大戰時，將其應用在武器和戰爭物質大量製造上。

在一九五〇年代初期費根旺先生（Fiegenbaum）稱此項技術為「品質控制」（quality control）。

第二次世界大戰後，日本為恢復在戰爭時遭受破壞的工業，遂邀請美國的戴明先生（Deming）和朱諾先生（Juran）二位至日本，講演有關「品質控制」技術，以協助日本戰後的工業復興工作。在那時，他們二人與日本最有名的全面品質控制（Total Quality Control）專家伊勢卡瓦先生（Ishikawa）見面。後來，他們三人被日本人公認為日本經濟奇蹟的知識上教父（the intellectual godfathers）①。

朱諾先生的研究顯示，經由持續不斷的過程改進，可以突破困境，並且認為百分之八十的品質問題可以經由管理加以解決。

戴明先生的成就可由日本政府設立戴明獎，即為日本品質改進的最高榮譽獎得知。他所提出的十四項原則（14 points），經常被行政機關當作實施全面品質管理的參考。

由於日本工業界實施「全面品質控制」技術相當成功，使得日本的工業產品如電子產品和汽車開始超越美國時，即品質和銷路均超越美國時，美國私人企業才開始強調品質，引進「全面品質控制」技術。美國一開始就犯了很多錯誤，例如僅引進全面品質控制技術的一小部分，即品管圈（quality circles）部分，並把它當作品質改進的主要技術。就此方面而言，美國是遠落在日本之後的。誠如阿金生（Akinson）和納丹（Naden）二位管理專家所指出的，在他們訪問日本時，一位 Toyoto公司經理告訴他們，據他們估計美國的品管圈要二十年後才能趕上日本目前的水準。因為日本工業界自一九六九年後，就已開始廣泛實施全面品質管理。基此，美國為了趕上日本，許多私人企業公司於一九八〇年代中期紛紛放棄品管圈，而改採策略性的、整合性的全面品質管理技術來改進他們的產品或服務的品質和生產力。

在日本，全面品質控制技術僅適用於工業界。美國卻將它適用於工業界和服務業上。因為服務業人數約佔美國全國人力市場的百分之七十五。假如再把支持製造業的服務加進去，則約佔百分之八十五。也就是說，目前在美國七個職業中，製造業約僅佔一個。美國勞工統計局統計在公元二千年，服務業將約佔全美國人力市場的百分之九十②。

在一九八〇年代末期，美國聯邦政府將全面品質管理技術引進到公共服務上。

第二節　全面品質管理之意義

就某方面而言，全面品質管理是泰勒（Taylor）科學管理運動的延續或復甦。如同泰勒的科學管理，全面品質管理亦要求心理的革命（a revolution of the mind）。它不僅僅是應用一系列生產力技術而已③。

它強調「知道要做什麼和如何去做」（knowing what to do is as important as how to do it）是同樣重要。亦即一開始，我們就應要有如何把工作做好的觀念。一開始就要把事情做對，如此則可避免重做或修正，造成浪費。也就是說，做事情要講求方法，而不是蠻幹（work smarter, not harder）。

它認為員工參與組織決策的程度愈深，他們則會更盡心盡力的改進工作過程，以達到決策目標。因此它強調員工的內在動機，藉不斷的激發每位員工的潛能與創造力，使其認真思考改進組織的問題。由於員工參與決策，使得他們明確瞭解組織的目標，並且願意與管理人員通力合作，持續不斷地改進目前工作的缺失或問題，自然而然就會形成團隊士氣，以達到組織的目標。

它亦強調要改變現行的管理技術，用以達成持續不斷改進產品或服務品質的目的。亦即要使用統計過程控制（Statistical Process Cnotrols，簡稱SPCS）來管制和改進組織的生產力。使用統計過程控制技術可以清楚找出影響組織生產力的潛在性問題。此項技術包括因果關係圖、流程圖、控制圖、相關關係圖、趨勢線圖等。也就是利用這些分析工作的技術，指出目前工作是在平均品質之上或下，並找出其原因及設計一套改進的方案。

它認為品質管理是一項永不止息的努力，組織的所有成員（包括管理人員和非管理人員），從上到下都要不間斷改進組織內外在工作過程。

顧客（百姓）的滿足是組織所追求的目標，亦是衡量組織的基本標準。朱諾（Juran）認為「品質」（quality）就是一項產品或服務符合顧客的需要並且便利他們的使用。而「品質改進」（quality improvement）則為一項產品或服務品質的增加，更能符合顧客的期望或需要。就實施全面品質管理的組織而言，顧客係指接受和使用該組織所提供產品或服務的任何人，他們可能是組織內人員，亦可能是組織外的民眾。

歸納言之，全面品質管理就是一項策略性的、整合性的管理系統，經由組織所有員工（包括管理人員和非管理人員）的參與，並永續地改進組織內外在的辦事程序和資源的使用，以達到符合顧客需要、要求和期望的目標④。

　　就行政機關而言，全面品質管理是一項建立在統計過程控制理論上的公共政策，其目標在經由持續不斷地改進機關內外在辦事程序，以滿足顧客（百姓）的期望。

第三節　全面品質管理之原理原則

　　全面品質管理強調真正的品質需要全體員工的參與，並且管理人員和員工必需通力合作永續地改進工作的程序，以符合顧客的需求和期望。因此，全面品質管理乃是一項手段或過程，而不是目的。

　　至於此項手段或過程的主要原理原則，則因人而異，亦即專家學者對全面品質管理的原理原則，因觀點不同，而有不同的看法與見解。

　　瓦特生（Watson J. E.）和賀普（Hopp T. W.）兩人認為全面品質管理之原理原則具有下列五項⑤：

　　一、顧客至上（Focus on the customer）。

　　組織必需確定顧客的需要，然後才能製造符合顧客需要的產品或服務。美國全錄公司每月均要向其購買影印機的五五、〇〇〇名顧客作問卷調查，以確切瞭解他們的需要。然後再以此資料作為改進參考或擬訂新的經營策略。例如一九八三年至一九八九年，對全錄公司產品感到「相當滿意」（highly satisfied）增加了百分之三十八,而顧客的抱怨則取低了百分之六十。

二、高級主管的積極領導(Active top leadership)。

實施全面品質管理要能成功,則需高級主管積極帶領改變組織文化,創造出更有彈性和積極的文化。例如,一九八一年時,美國全錄公司的總裁David Kearns就宣佈實施「帶頭追求品質」。

三、員工參與和授權(Employee involvement and empowerment)。

為達到員工參與的目標,組織必須訓練員工以確保其具備實施全面品質管理所必需的技能。例如,美國全錄公司對全體員工施予品質的訓練,獎勵對品質改進有貢獻的對象,不限於個人,也包括各工作團隊。

四、行動基於事實(Actions based on facts)。

任何決策均要基於事實。全面品質管理是採用「計畫——執行——評估——再執行」(Plan－Do－Check－Act)的循環途徑(如下圖),以改進產品或服務的品質⑥。

計畫(Plan)係指目標和所期望的結果。
執行(Do)係指執行計畫。
評估(Check)係指衡量和分析結果。
再執行(Act)係指依據結果採取適當的行動,再推動或修正計畫。

亦即要依據上述四個循環過程永不止息的改進組織產品或服務的品質。例如，美國全錄公司將其製造的重要過程均與全世界其他著名公司的製造過程加以比較，建立指標，鼓勵員工以此指標評估他們本身的工作。

五、與供應商建立合作夥伴關係（Partnership with suppliers）。

就傳統而言，美國公司均規定採購的最低標準，然後再從符合這些最低標準中，選擇最低標者。全面品質管理，主張選擇一些能夠提供符合較高品質標準的供應商維持長期密切的合作關係。有些美國公司甚至邀請供應商參加他們的產品會議，或協助供應商建立或改進他們的品管制度。例如，全錄公司協助他們的供應商訓練其員工有關統計過程控制和全面品質管理的技術。基此，使得五年間，全錄公司的供應商所提供產品的瑕疵比率降低了百分之七十三。

史意斯（Swiss J. E.）認為全面品質管理的原理原則則有下列七項⑦：

一、主張顧客才是品質的最後決定者。假如產品非顧客所期望的，如太複雜、太貴或不吸引人，那麼品管就不合格。

二、主張於產品初期的製造過程就應注重品質，而非產品製成後。一般而言，產品或服務可分為設計、製造、監督、重作、對顧客抱怨的處置等五個階段。所謂產品的初期製造過程係指設計和製造二個階段。假如於上述二個階段就注重品質，那麼後面的三個階段就顯得不那麼重要了。

　　三、主張避免反覆無常是製造高品質產品的主要因素。在產品製造過程中，要遵守一定的程序或規範，不可任意變換。因此需要有流程控制圖（process control charts）來管制產品的製造。

　　四、主張品質是組織所有人員合作的結果，非個人努力的結果。如果品質降低，那是制度或組織有問題，非員工有問題。因此全面品質管理反對將品質的責任放在員工個人身上，所以它反對功績俸制和目標管理，因為該兩項制度，均僅注重個人績效的評比，結果往往使管理人員感到相當困惑，也許今日表現很突出的員工，明日就與一般員工沒有什麼兩樣。一個健全的組織，就應使所有員工而不是少數員工表現良好。

　　五、主張品質需要不斷地改進產品的投入和過程。品質不是靜態的，它是屬於動態的。因為顧客的品味提高，是以產品的品質亦必須提高。在今日，可能是一項高品質的產品，也許明日就不是了。所以品質須不斷的改進。而所謂不斷的改進，不是指產出，而是指投入和過程而言。

　　六、主張品質改進需要強而有力的員工參與。全面品質管理主張員工在開始時就要做對以及注重投入和過程不斷地改進，因此員工的參與就變成相當的重要。員工和管理人員必須不必害怕的一起工作，即不必害怕做錯被發現會受處罰。他們亦需要沒有障礙的一起工作，即使用工作團隊或品管圈來打破他們彼此間的藩籬。

　　七、主張品質需要組織全體一致的支持。祗有在管理人員將組織文化創造為持續不斷製造高品質產品和每經過一段時間就加以改進，然後才可能達到追求品質的目標。否則，品質就會急速下降，該公司將不可避免地落在其他競爭者之後。換言之，儘管組織已達到某一高水準的品質，它仍要求組織的所有成員要不斷的求新求變。

　　以上所陳述的全面品質管理的原理原則，為美國私人企業實施全面品質管理所應遵循的原理原則。然行政機關與私人企業在本質上差異甚大，因此為行政機關所界定的全面品質管理的原理原則亦應有所區別。

　　戴明先生曾大力鼓吹和積極推動美國政府在面對龐大預算赤字壓力和百姓對政府所提供服務品質愈來愈不滿的困境時，亦應選擇在私人企業實施相當成功的全面品質管理途徑。戴明先生為此提出有名的十四點（14 points）原理原則，被研究行政機關全面的品質管理的專家學者奉為圭臬，亦被稱為正統的全面品質管理原理原則。該十四點分別為⑧：

　　一、每位員工須瞭解機關的任務和他們本身所負的責任。機關的管理階層須持續不斷改進服務的品質，俾使納稅人感到滿意。而且政府須要透過公共政策創造新的業務，以促進經濟的成長。

　　二、顧客（百姓）的滿意應列為所有政府機關的首要任務。為達此目標，機關應盡最大努力改進他們的工作程序，瞭解百姓的需要和傾聽百姓的心聲，將有關資料和管理系統結合在一起，俾持續不斷監督和改進服務的品質。

　　三、機關管制考核的目的在於改進服務的過程和減少成本的支出。機關若在工作開始時就注重品質，並且在過程中亦時時刻刻注意品質，那麼管制考核和工作重做就顯得沒有必要。

四、終止或反對商品以價格作為唯一的衡量基礎。 政府的採購制度係以最低價格得標，但此往往意謂著低品質，不合理的成本和差勁的服務，無形中增加政府成本的支出。因此要以「價值」（value）取而代之，亦即要以長期的忠實和信任（loyalty and trust）關係作爲政府採購的基礎。

五、公務人員往往把工作時程分為開始、中間和結束三個階段，但全面品質管理則把工作時程視為連續性的。 每隔一段期間，大約五年，就要把工作程序加以檢討，予以修正或更新，亦即要建立永續改進產品或服務的制度。

六、機關員工為了達成改進品質的任務，必須接受適當的訓練和具備適當的工具和方法。 例如機關的管理人員應使廠商瞭解該機關需要的是什麼？員工亦需具備相當的技能去衡量廠商所提供的產品達到目標的程度？

七、教育和建立機關的領導制度（leadership）。 機關的管理人員必須協助員工如何做好工作，亦即各單位的主管和他們的部屬要共同研究那些同仁需要特別的協助、指導或訓練，然後再個別予以輔導，以提升他們的工作績效。

八、消除員工的恐懼心理，並創造信任和改革的組織氣候。 即要消除員工對機關變遷的恐懼。戴明先生認爲目標管理、數字管理和結果管理統可簡稱爲「恐懼管理」（management by fear），其係以員工的恐懼作爲管理的主要工具，著重外在的激勵。而全面品質管理注重員工的自動自發，並用以激勵員工的忠誠和改進工作績效。

　　九、機關要以最大努力推動工作團隊精神，以達成機關的目標和目的。所有員工必須同心協力提出機關問題產生的原因，採取具體行動消除各部門的競爭（我贏你輸），改以團隊合作方式（大家均贏）代替之。機關整體間的溝通協調是必要的，以減少中間管理階層的阻礙，爲顧客（百姓）提供及時及有效率的服務。

　　十、避免辦公處所的教條或口號。例如，「零缺點」，「增產百分之十」、「減少百分之五的意外事故」等，都是空口說白話，並沒有告訴員工達成目標的具體方法。機關應把目標放在如何達成使顧客（百姓）滿意的過程改進，而不是一味的提高工作標準。

　　十一、應強調機關服務的品質而不是數量。目前機關的獎懲制度、績效獎金和功績制度，均只注重成果數量，往往忽略服務的品質。

　　十二、應排除剝奪員工在辦公處所尊嚴的障礙。鼓勵員工自動自發的把工作做好，而不是以懲罰作爲激勵因素。因此對員工要加以適當的訓練和給予適當的設備，以激發員工工作潛能取代強迫工作。基此，機關的管理階層必需停止譴責員工個人，而著重機關整體績效的提升。

　　十三、鼓勵員工的自我教育和改進。管理人員和員工都要接受訓練如何去轉變機關的文化，而統計過程控制技術是主要學習內容，尤其是中上管理階層人員一定要學習此項技術。

　　十四、要採取行動以達成機關組織文化的改變。服務品質的改進是每日都要做的工作，各機關的主管必需創造一主動積極的工作環境，且要劍及履及的推動機關的轉型工作。

米爾其先生（Milakorich M.E.）認爲行政機關實施全面品質管理要遵循下列十項原理原則：

㈠顧客（百姓）的滿意是任何政府機關主要目標和品質衡量標準。

㈡顧客（百姓）的範圍相當廣泛，包括機關所有內部員工及與機關有關連的外部人員（包括納稅人、訂約者、供應廠商等）。

㈢每位員工必需共同參與機關目標的制定，但其制定則須以顧客的所有需要作爲基礎。

㈣民選或官派的機關首長必需與所有顧客溝通並提出長期提供高品質服務的計畫。要獎勵有績效的工作團隊和鼓勵機關各部門都要盡力改進工作的過程。

㈤必須提供員工擴大訓練（expanded training）和自我改進教育的機會，以增加機關員工工作的技能，俾滿足顧客（百姓）日漸增多的需求和期望。

㈥要建立機關工作過程改進團隊，以落實員工參與的目標。

㈦對於員工所表現出的忠實、信任和團隊精神，應能隨時加以表揚、支持和獎勵。

㈧要設法消除員工對機關變遷所產生的恐懼感，及其他有礙員工在工作方面表現尊嚴的因素。

㈨爲符合顧客（百姓）的需求，機關必須提供給員工必要的設備和訓練。

㈩爲了完成上述的目標，民選或官派的機關首長必需將機關的結構和員工工作態度作必要的調整或改變，然後才可以逐步地推動和實施全面品質管理。

第四節　全面品質管理之原理原則可否應用在行政機關

很多人認爲全面品質管理是提高行政機關績效的一項革命性改變，但問題在於此項管理途徑是否能與現行傳統改進績效技術相包容。全面品質管理改變了現行管理理念，即機關主管不再單獨考核員工個人工作績效，顧客（百姓）和團體的反應必須予以列入考慮。全面品質管理反對完全以個人績效作爲考核基礎的制度，而主張以團體（group）作爲績效考核的對象，獎勵亦應以團體爲對象或基礎，而不是以個人爲基礎。基此，不免令人懷疑此項革命性管理途徑是否可適用到行政機關，以及它是否能達到預期的目標。

對於此項疑義，經過專家學者的研究以及美國政府許多機關的試驗，證實全面品質管理可以適用到政府機關。祇要加以精心的規劃和作合理的修正，仍可適用於行政機關。並且在高級主管正確的領導和足夠的時間去周詳規劃，按部就班，循序漸進的推動，全面品質管理確實可使政府節省許多經費，更有效率和效能，並能滿足人民的需要、要求和期望。

史意斯（Swiss）認爲行政機關要實施全面品質管理成功，

首先須要瞭解並克服下列四項問題⑨：

一、服務與產品的性質不大一致問題。

全面品質管理最初是針對例行性的工作如製造業而設計的，然而政府的主要目的是在爲民衆提供其所需的各種服務，而不是產品。基本上，服務與產品的性質是不大相同的。

㈠服務是勞力密集的工作，且是製造和消費同時發生的。它不僅很難使產出產生一致性，而且顧客（百姓）在衡量服務時，不僅僅限於政府所提供的服務本身，亦會把提供服務者的行爲、態度，甚至他們的儀表包括在內。例如，一位很有效率的警察，很快找到失竊的汽車，但卻失於照顧或草率，致使該汽車受損，他的顧客（百姓）仍不會感到很滿意的。

㈡服務品質的衡量是相當困難的。衡量的因素有溝通能力、禮貌、創造性、信賴性、回應性、安全性及確實性等。此外，全面品質管理主張產出一致性，使得衡量服務更加困難。例如，對精神病醫師和學校老師因其服務對象精神病患或學生的狀況不一樣，根本很難用一致的療法或教法，致服務品質的衡量很難有一致的標準。

二、政府服務對象的問題。

全面品質管理最重要的一項原則爲顧客是品質最後的決定者，那麼就政府而言，誰是政府各項施政措施的服務對象呢？頗值斟酌。

㈠就許多行政機關而言，界定服務對象是相當困難且頗具政治性爭議。例如，美國土地管理處（the Bureau of Land

Management）服務對象為畜牧業、礦業或環保人士呢？如果是其中二者或全部兼具，那麼該處對各行業的服務比重應如何分配呢？此外，我們亦可發現政府服務的對象經常彼此競爭相當激烈，例如教育和醫療保健機構。

㈡有時，政府為了照顧沒有聲音的社會大眾，因而得罪少數有力的特定對象。例如，管理銀行的政府機構，有時為了討好銀行界，可能會損害社會大眾的利益。但假如把社會大眾即納稅人的利益擺在第一位，卻可能得不到掌聲和稱讚，因為社會大眾往往對政府機關的作為相當的冷漠，除非他們感受到強烈的危機意識，才會有反應。

㈢在商品上，一分錢一分貨，一部三十萬元的車子，品質一定比一部一百萬元的車子差，所以購買者一定會在價錢和品質間取得均衡。如果購買者要買品質好的車子，他一定得多付代價。但政府機關所提供的服務，就沒有上述平衡的現象。例如，一般納稅人均希望政府在提供醫療保健、教育、自來水供應等服務時，成本愈低愈好。因為有時他們並不是直接受益者，但對某些受益者而言，則希望品質愈高愈好，因為他們並不需要負擔所有的成本費用。也就是說，政府在決定服務品質時，很難取捨。

㈣民意調查往往容易受到孤立的，但政治性高的或意識型態很強的事件所影響。也因此偏見，使政府服務的績效受到影響，進而影響到政府對服務對象和品質的界定。

三、政府太過重視投入和過程的問題。

由於以下的因素，使得政府一直重視投入過程，較少關注產出：

㈠產出具政治的衝突性和不易衡量。

㈡立法者比較關心投入例如預算。

㈢政府官僚特權來自對投入的控制，尤其是人事權。

㈣法律往往要求行政官員遵守嚴格的行政規則及程序。

基於上述較注重投入和過程，而不注重產出的環境，遂使許多行政機關對過去十五年來實施結果取向的制度如目標管理、績效考核制度和計畫預算（program budgets）感到自毫，上述管理制度使得行政機關得以重視產出，而不僅是過程。

四、政府組織文化的問題。

全面品質管理要實施成功，則需要一強而有力的組織文化，即一心一意的追求品質，為達此目標，管理人員必須持續不斷改進機關的管理。然而，美國行政機關的高級文官變動是相當頻繁，使得機關的管理文化變得很脆弱。亦即美國行政機關缺乏一強而有力的領導。

史意斯認為將正統的全面品質管理原理原則應用到行政機關，可能會產生以下的缺失：

一使得行政機關較注重少數有力特殊團體的需要，而忽略沈默大眾的需要。

二它可能會使行政機關已建立制度的目標管理、績效考核制度及計畫預算瓦解於無形。

三正統的全面品質管理強調產出的一致性，以及要一強而有力且永續改革的組織文化，這些都是行政機關不大可能做得到的。

　　因此，他更進一步認爲全面品質管理要適用到行政機關，則必需將全面品質管理之原理原則作某些合理之修正，但基本上有四項原則必需加以保留。此四項原則爲：

一顧客回饋原則（client feedback）。

二追蹤績效原則（tracking performance）。

三持續不斷改進原則（continuous improvement）。

四員工參與原則（worker participation）。

　　就美國聯邦政府而言，雖然規定聯邦機關一定要實施全面品質管理途徑，但卻沒有明文規定執行方法，由各聯邦機關自行決定。

　　以美國國防部爲例，該部爲美國聯邦機關最大規模實施全面品質管理的機關，並聘請美國全面品質管理大師戴明協助該部實施該項新的管理技術。但對其所提倡的十四點原則（14 ponts），其中就有五點（第四、五、七、十一、及十二點）均不加以採行。最明顯的就是國防部並未放棄目標管理及功績俸制管理制度。

　　美國國防部於一九八八年秋季，採取一項革命性改革，影響了所有聯邦、州、地方政府和私人企業的國防採購契約，此項金額約爲五千億美元。該項革命性改革即採用戴明先生的十四點原則，但卻作了某些的修正。

　　起初，美國國防部試驗模範基地計畫（Model Installation program），允許基地指揮官可以在某些指定的基地，以他們自認最有效的方式加以管理，由於該計畫實施得相當成功，證實人們不受法規的束縛，可以激發他們的創造力。例如，採購官員不受單板僵硬採購規定限制,可以使經費花了更有價值,以及使政府為百姓提供更高品質的服務。

在一九八九年五月所舉行該年度第二次品質和生產力改進會議(the Second Annual Conference on Quality and Productivity Improvement),就有許多美國國防部的單位被接受表揚。例如 The Naval Publications and Forms Center of the Naval Supply System Command in Phiadelphia和 The Norfolk Naval Shipyard of the Naval Sea Systems Command 。而The Naval Air System Command 則是第一個獲得美國品質和生產力改進總統獎的單位(the Presidential Award for Quality and Productivity Improvment)。

此外,美國財政部國稅局╳亦聘請朱諾(Juran)先生協助該局推動品質改進計畫。該局並於一九八六年一月建立一直屬處局長的品質委員會(the Commissioner's Quality Council),推動該項計畫。該計畫亦將私人企業所實施的全面品質管理原理原則作了某些合理的修正。

上述二個聯邦機關被美國管理預算局承認為品質改進模範(Quality Improvement Prototype)。

就目前美國聯邦政府各機關限於經費,及因有聯邦品質協會(The Federal Quality Institute)協助推動全面品質管理及提供有關機關實施成功的經驗事例,很少再聘請部外的專家學者擔任他們的顧問,主要原因為聘請部外的顧問費用太過於昂貴。

全面品質管理現已成為美國公私機構一九九○年代新的管理

途徑，很多行政機關受到其他機關實施成功的影響，亦正熱衷於此項新的管理途徑。主要方式爲參考其他機關實施全面品質管理模式，先予模仿學習，然後在過程中與其他機關分享經驗，或加以修正。由此可知，在美國全面品質管理已初步成功地從私人企業轉型到行政機關公共服務上。

第五節　行政機關實施全面品質管理之條件

　　儘管全面品質管理已從私人企業轉型至行政機關，但目前仍在試驗推廣階段，仍需再作實證研究，才可全面推廣至所有行政機關。

　　一般而言，行政機關若決定採行全面品質管理，首先它必需考慮下列八項因素，決定該機關是否可實施此項新的管理途徑。

　　一政府組織的性質（其係屬行政、立法或司法部門）。

　　二機關首長的產生方式（民選或官派）。

　　三機關編制的大小。

　　四機關功能的性質（例如，屬教育、健康、交通、文書或軍職）。

　　五政府的層級（聯邦、州或地方政府）。

　　六經費的來源。

　　七機關所需技術的層級。

　　八機關與私人企業的關係。

　　美國聯邦品質協會（the Federal Quality Institute）在其所

編「聯邦政府全面品質管理手冊」（the Federal Total Quality Management Handbook）中，認為行政機關實施全面品質管理要成功，則受到下列七項因素的影響⑩：

一、高級主管的主持（top management support）。

二、顧客（百姓）的滿意程度（customer / client focus）。

三、長期性的策略計畫（long-term strategic planning）。

四、員工的訓練和獎勵（employee traning and recognition）。

五、員工的參與和團隊合作（emyloyee empowerment and team work）。

六、產品和過程的衡量與分析（measurement and analysis of products and processes）。

七、品質的保證（quality assurance）。

其中則以第五項因素最為重要，因為全面品質管理的理論基礎為員工為機關最寶貴的資源，其最瞭解機關的問題所在，若沒有員工參與機關問題的解決，則機關的問題不可能作根本的解決，實施全面品質管理亦不可能獲得成功。

【附　註】

① Milakovich M. E., "Total Quality Management for Public Sector Productivity Improvement" in Public Productivity and Management Review, Volum XIV, Fall 1990., pp.19-31.

② Milakovich M. E. "Total Quality Management for Public Productivity Improvement" in Holzer M.(ed.), "Public Productivity

Handbook", New York: Marcel Dekker, Inc., 1992. pp.577-602.

③　Daley D. M., "Pay for Performance, Performace Appraisal, and Total Quality Management" in Public Productivity and Management Review, Volum XVI, Fall 1992, pp.39-51.

④　Holzer M., and Callahan K., "Fiscal Pressures and Productive Solutions" in Public Productivity and Management Review, Volume XVI, Summer 1993, pp.331-348.

⑤　Walson J.E., and Hopp T. W., "The Private Sector's Experience with Total Quality Management" in The GAO Journal, No.14. (winter, 1991/1992). pp.34-38.

⑥　Milakovich M. E. op. cit., pp.577-602.

⑦　Swiss J. E., "Adapting Total Quality Management (TQM) to Government" in Public Administration Review, July/August 1992, Vol.52, No.4 pp.356-361.

⑧　Milakovich M. E., op. cit., pp.584-586.

⑨　Swiss J. E., op. cit., pp.356-361.

⑩　Hyde A. C., "The Proverbs of Total Quality Management: Recharting the Path to Quality Improvement in the Public Sector" in Public Producivity and Management Review, Volume XVI, Fall 1992, pp.26-37.

第七章　美國行政機關實施全面品質管理之情形

第一節　行政機關的品質管理觀念

　　行政機關傳統的管理觀念如圖一，即行政管理係將行政機關之員工、顧客（百姓）及投資者（納稅人）三者予以分離⑥。

　　依據機關傳統的行政管理觀念，機關首長往往把自己視爲投資者（納稅人）的代理人，因而故意忽略甚至犧牲顧客（百姓）和員工的利益。機關管理是行政主管的權責，員工不能參與機關的管理或決策。

圖一：
傳統的管理觀念

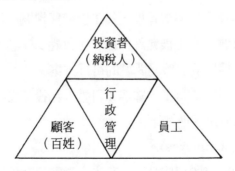

圖二：
現代化的管理觀念

　　行政機關的現代管理觀念，將行政機關的員工、顧客（百姓）
及投資者（納稅人）三者均視爲平等。而且三者的利益是相互重
疊。例如，在員工和顧客（百姓）都得到他們的目標時，投資者
（納稅人）亦因而獲得他們的目標。

　　現代的品質管理觀念，認爲機關的管理應由管理人員和非管
理人員通力合作始可達成，不可能由管理人員獨力完成。亦即現
代的行政管理係採參與式管理，員工能參與機關的決策或得到充
分的授權。機關的員工被允許與顧客（百姓）交談，蒐集資料，
分析問題，並提出解決機關問題的可行方案。

　　至於行政機關的員工，顧客（百姓）和投資者（納稅人）之
內容爲何，茲分別說明如下：

　　一、員工 (employee)。

　　員工係指組織的組成分子。私人企業和行政機關的員工都需

要參與、充分的授權、合理的待遇、社會的責任和倫理道德。

　　但因政府機關受限於人事法令規章的規定，其員工與私人企業員工所享受的相比較，則較少彈性，而且待遇亦較微薄。

　　二、**顧客**（百姓）（customer）。

　　私人企業的顧客界定較爲容易，如美國通用汽車公司的顧客爲買車人。

　　就政府機關而言，有些機關對顧客的界定亦相當容易，如美國郵局 (Post Service) 的顧客爲信件收寄人，美國財政部國稅局 (Internal Revenue Service) 的顧客爲納稅人。有些機關的顧客界定就相當困難，有些是直接的或間接的，有些是自願的或非自願的。

　　主要原因爲政府的角色最爲複雜 (mixed roles they play)，各種角色如規範者 (regulator)，仲裁者 (adjudicator)，各項公共服務直接或間接的供應者 (direct and indirect service provider)。

　　例如，美國食品和藥物局的顧客是藥廠（公司），但各地方藥房的顧客，則又是該局的間接顧客。換言之，美國食品和藥物局的直接和間接顧客是不相同，而且利益均不相同。

　　其他的行政機關如美國全國公園管理處 (National Park Service)，林務局 (Forest Service) 和土地管理處 (the Bureau of Land Management) 亦有相同的情形。

　　此外，有些政府機關的顧客相當複雜、紛歧，而且相互競爭。例如警察機關的顧客最爲複雜，包括被保護的居民、被開罰單者、被訪談者或被監禁者等，他們彼此間要求警察機關所提供的服務品質是相互衝突的。

不管怎樣，社會大衆則是政府最大的顧客。

三、投資者 (funders)。

私人企業的投資者爲老闆、股東等。他們的期望相當清楚，如利潤、市場的占有率、投資報酬率等。

政府機關的投資者爲納稅人。他們的期望則較不易衡量。

傳統的行政管理與現代的品質管理最大的差異，乃是將行政機關當作企業組織來經營。政府有如供應者，供應者與顧客間的關係是彼此互動的，茲舉二例以說明之②。

例如，政府機關是求職者的供應者，提供求職者有關職位的資訊，如薪水、升遷情形、福利和工作內容等，供其抉擇。假如政府某一機關能夠提供更爲優渥的條件，諸如彈性上班時間或部分工時制，則更能吸引較爲優秀或能幹的求職者。

另方面，機關亦可能是求職者的顧客，求職者必須提供特定的知識、技術和能力，以滿足顧客（機關）的需求和期望，才可能成爲該機關的職員；但如不符合機關的需求和期望，則可能不被僱用或被解僱。

又如，交通警察爲警察局掌管執照事宜的職員的顧客，即某一交通警察通知該職員有關駕照或車牌號碼，立即可獲得有關該駕駛人或車子的資訊，當場加以處理。

另方面，該職員亦可能是交通警察的顧客，因爲他需要交通警察提供有關駕照或車牌號碼的正確資訊，俾便隨時建檔或加以修正。

　　由此可知兩者的關係是彼此互動的。即交通警察要隨時提供最新有關駕照或車牌號碼的資訊，警察局職員才能據此建立完整資料，再提供給交通警察。兩者彼此密切合作的結果，社會大眾才能享受其所提供高品質的服務。

第二節　行政機關實施品質管理之步驟及方法

　　就私人企業而言，組織的勞資雙方，以及從上到下都要參與追求品質，以符合顧客的需要。追求品質的主要步驟，歸納言之，有下列四個③：

　　一、設計出一套顧客的要求和需要表(needs and wants)。

　　二、及時滿足顧客的要求和需要。

　　三、永續維持產品和服務的品質。

　　四、持續不斷的對製造產品或服務的過程加以改進。

　　就行政機關而言，首要建立一讓員工能夠自動自發改進品質的工作環境。其作法如下④：

　　一、首先要明確告知全體員工有關機關所追求的目標及其達成的方式。

　　二、為達上述目標，員工必須接受必要的訓練，以增進其工作上所需要的新知識和能力。

　　三、管理人員要授權給員工。即鼓勵機關員工運用他們的潛能和構想去改進機關的工作效率和效能。

上述的作法係基於機關的問題並不是員工所製造出來的，而是處理過程本身的缺失所造成的。只有現場的員工最瞭解工作本身的缺失，因此惟有授權他們改進工作過程上的缺失，才能根本解決機關的問題。

行政機關在推動授權員工品質改進的管理措施時，應遵守下列七項步驟：

一、確定需要改進的問題。

二、決定那些問題需要優先解決。

三、用面談或問卷調查方式蒐集有關資料。

四、分析影響品質的問題癥結所在。

五、提出問題解決計畫。

六、執行該計畫。

七、檢視該計畫是否發揮預期的成效及被適當的執行。

在實施上述七項步驟時，有一點相當重要，即行政機關必須授權員工分析和評估有關的工作程序問題，但管理人員不得對之採取報復的手段，亦即要給予員工赦免權。否則，機關員工就不敢說實話。

目前美國行政機關實施品質管理最普遍採用的方式就是建立工作團隊 (team building)。

一般而言，機關剛開始建立工作團隊，都是聘請外面的顧問，來協助機關舉辦有關全面品質管理的研習會。

其主要內容首先要教導員工如何確定供應者─顧客的關係 （

supplier-to-customer) 和瞭解顧客的需求。其次,再教導員工如何自動自發的研究改進工作的程序,以滿足顧客的需求。

　　研習會約為期二至三天,參加人員為機關高級主管和品質改進團隊的成員。舉辦研習會的好處有二方面:一為機關高級主管親自瞭解團隊成員所學習到的技巧,進而對他們產生信心,容易接受他們的建議,欣賞他們的技術能力和領導潛能;一為機關員工目睹高級主管的參與,以致提高他們學習的動機,這對他們往後執行該項計畫有很大的幫助⑤。

　　為了使研習會更有效果,學員必須更換所扮演的角色,例如擔任主席、紀錄員或評論員,以培養團隊精神。

　　在第二階段時,機關要設置專人推動建立工作團隊。亦即在此階段,可不必聘請部外的顧問,而由機關內部設置專人繼續推動建立工作團隊事宜。其主要工作為擬訂準則,以作為團隊自我管理,選舉小組長等之依據。

　　行政機關建立工作團隊之類型可分為二種,第一種稱為機關水平工作團隊:係由各部門或單位之員工組成的,並由團隊的成員自行擬訂改進他們工作程序的方式,以滿足顧客(百姓)的需要。

　　第二種稱為機關垂直工作團隊:係由各部門或單位之主管與員工共同參與組成。

　　機關的工作團隊組成後,他們可依下列步驟來運作:

一、由他們自選工作團隊的名稱。

二、由他們自行寫出所要分析的問題。

三、由他們自行蒐集資料和採用「追根究底」（root-cause analysis）方式，分析問題的癥結所在。

四、採用「計畫—執行—評估—再執行」（Plan-Do-Check-Act）之品質改進循環模式，做爲工作團隊研究過程和向機關主管簡報之主要方式。

五、向機關主管提出之建議，要具體可行，且可加以衡量。

工作團隊每週至少應集會一次或二次，每次約爲四小時。工作團隊成員在開會時，除經由工作流程圖研究分析工作阻礙的因素外，並應建立工作情誼（interrelationships)，明白告訴所有成員，我們是在從事一項團隊工作。大家一齊開會和受訓，俾使大家有相同的管理理念和途徑，和樂於解決工作所遇到的問題。

第三節　美國行政機關實施全面品質管理之案例

一、美國財政部國稅局奧登中心的服務品質革新計畫案例。

美國財政部國稅局在猶他州奧登市（Ogden) 的退稅中心的服務品質革新計畫，是提倡品質改進相當成功的例子⑥。

一九八六年後，奧登服務中心逐漸將品質觀念植入六千多名員工心目中，並建立品質衡量標準（指標）。該中心並被聯邦品質協會（the Federal Quality Institute) 於一九九〇年評定爲推廣全面品質管理最績優單位。更重要的是，該中心提供了美國聯邦各機關實施全面品質管理最好的榜樣。

(一)背景分析：

該中心於一九七〇年代晚期，實施每千元退稅成本（ Cost Per Thousand）計畫。即每退稅一千元，所需花費的時間成本。生產力僅被界定為產出／投入的關係。最後卻變成「儘可能刪減費用支出」（cut cost at any cost），導致該中心彼此惡性競爭，團隊士氣幾乎瓦解，溝通不良，故意忽略機關所發生的問題，且過份強調統計數字。

為了減少機關費用的支出，遇缺不補，訓練減少至最低程度。此外，辦公所需的電腦系統愈來愈先進，該機關編製用以購買電腦系統的資本投資預算不是被延期，就是被取消。

該中心於一九八四年進行了一項調查，發現該中心的管理人員普遍對每千元退稅成本計畫措施相當的不滿。該計畫被批評為為了追求量而忽略了質的重要性。由於此項調查的發現，遂使該中心高級行政主管改變了他們的管理目標和策略，轉而追求服務品質。

(二)管理策略的改變

一九八五年末和一九八六年初，該中心提出一項計畫，有系統、有計畫向該中心管理人員介紹有關團隊解決問題的觀念和原則。由於該項計畫試驗的成功，增加了高級行政主管對推動品質改進的信心和決心。

在此同時，美國財政部國稅局在首都華盛頓特區的管理人員，亦正推廣全面品質管理計畫。美國全面品質管理運動專家朱諾（Juran）先生被聘為顧問。朱諾先生的全面品質管理哲學，被該局用來改變全機關組織文化和品質改進指導的原理原則。

朱諾先生認為品質不好所造成缺失，如顧客抱怨、產品有瑕疵須重作所產生的浪費及信用訴訟等，這些缺失造成私人企業每年百分二十至四十的營業損失。

就奧登中心每年一億二千五百萬的預算而言，若品質改進，因而減少百分之十的損失，則約可節省一千二百五十萬美元。推而及之，美國財政部國稅局在全美國有十個服務中心，五年期間，總計約可節省六億二千五百萬美元。

在一九八〇年代美國政府面臨龐大預算赤字壓力時期，該項品質改進計畫在當時是相當引人注目的。

朱諾先生為該中心設計一套品質改進實施制度。

首先應成立品質委員會 (a quality council) 推動該中心品質改進有關事宜，及舉辦員工全面品質管理訓練。朱諾先生認為人力資源是無價之寶 (invaluable)，不僅每位管理人員都要接受全面品質管理之訓練，而且所有員工都要接受品質和解決問題技術的訓練。

朱諾先生認為品質管理的過程包括品質計畫 (quality planning)、品質控制 (quality control) 和品質改進 (quality improvement) 三項。

品質計畫係指採用新的工作程序或方法，以確保高品質的產品或服務。

品質控制係指使用統計控制過程技術和流程圖，監控產品的製造或提供服務的過程。

品質改進，則最為重要。因其可動員全組織從事品質改進。即可運用品質委員會、品質協調人及品質管理人員都動員起來推動品質改進。並要依計畫建立工作團隊（team building），並給予適當的資源，以研究機關品質問題。如果各工作團隊或員工積極參與品質改進著有貢獻，則可立即加以表揚和頒給獎金，以資鼓勵。

在品質管理過程（包括品質計畫、品質控制及品質改進）中，均要設置回饋單位（feedback mechanisms），以便隨時得到所要的資料，作為分析研究的參考。

朱諾先生並強烈主張該中心一開始就要有贏的策略，因為一開始就成功，可以加強和鼓勵往後計畫的推動，減少推動的阻力。為了使該中心全體員工相信機關主管是認真的在推動品質管理，機關高級主管必須身體力行，積極的參與。

　㈢實際推動全面品質管理。

依據朱諾先生為該中心所設計的品質改進計畫，該中心首先成立品質委員會。成員包括中心主任及各高級主管。他們花很多時間，用腦力激盪方法研商品質改進的方向，並提出中心的目標「做好每個人份內的每件工作」（excellence in every thing we do）。

此外，並確定該中心的主要價值觀念：

1.尊重個人（respect for the individual）。

2.顧客（百姓）至上（service of the customer）。

3.品質要成為生活的一部分（quality must be a way of life）。

該中心的高級主管並明確告知員工，他們希望長期地和廣泛地改變員工工作理念。因此乃將上述機關的目標和主要價值觀念在公報上、電子告示板上，甚至會議上不斷地加以強調。

接著，一位受過專業訓練的品質協調人指導該中心第一個品質改進工作團隊的運作。之後，有五個專職及約有三十個以上兼職的品質協調人，他們亦均受過專業訓練，協助推動該中心的五十個以上品質改進工作團隊的運作。該中心並成立一品質保證部門（A Quality Assurance Branch），監督管理系統和日常工作的品質。

該中心亦在朱諾先生的指導下，訂定品質計畫（the guality program），其主要內容具有下列七項：

1.分別審查每位員工的品質績效。如達到工作質量的標準，就發給績效獎金；若有特殊績效事實者，另發給額外品質獎金。

2.退稅通知單的審查。此項工作爲發給納稅人退稅的最後一項工作，因此此項工作決定員工辦理退稅工作是否正確和確實，俾避免納稅人因錯誤而產生不悅，即不符合顧客的需要和期望。

3.品質分析。管理人員要深入探討發生品質問題的癥結所在，以及提出解決方案。

4.使用計畫分析流程（program analysis stream）診斷全機關性的問題。其又稱爲「全國性的、結構相當嚴謹的錯誤分析計畫」（Nationalwide, highly structured error analysis program）。例如，在有關納稅人退稅資料需要補正或更正時，均可由此系統加以分析處理。其對所有不正當的程序、不清楚的指示、或全盤性的問題，均可加以診斷，再由系統分析師依據診斷結果，將軟體系統或程序予以修正。

5.過程審查。使用品質控制圖和統計過程控制技術等監控產品或服務的品質。

6.管理人員要自動自發參與品質管理活動。機關所有管理人員都要參與品質計畫、品質控制和品質改進的過程，亦即要積極主動參與品質委員會或品質工作團隊，且能針對全機關性的品質問題及產品缺失提出意見。

7.成立聯合品質改進計畫委員會。成員包括全國性財政員工工會（National Treasury Employee's Union）代表和奧登退稅中心的官員。該委員會負責有關決定品質改進的政策和目標，建立品質改進衡量的標準，提供有關品質訓練，以及成立品質改進工作團隊等事宜。品質改進工作團隊需以一專題作為成立的基礎，此項專題必需是一項全機關性品質問題。經由問題解決過程，指出問題，找出問題癥結所在，研究可行解決方案，並加以執行方。

在不到四年間，奧登退稅中心成功地改變機關組織的管理文化，從以前的「儘可能刪減費用支出」到「一開始就做對事情」的品質管理文化。

奧登退稅中心實施了上述品質計畫後，在一九八七年後獲得下列五項好處：

1.退稅款不能匯入退稅人帳戶的百分比，降低了百分之八十八。

2.納稅人通訊地址弄錯的百分比由百分之四十降為百分之八。

減少了再次投遞給納稅人的次數，並且節省了約六五二、六八四美元。

3.追查納稅人通訊地址的時間需要在四十五天以上者，由占百分之八十降爲百分之九點六。

4.採用新的工作方式，因而減少輸入錯誤資料的件數約爲一七六、○○○件，節省了約一一九、二四五美元。

5.與美國聯邦準備銀行達成一項協議，使得奧登退稅中心存款較以往要快，結果爲財政部增加了一四○萬的利息收入。

除了上述有形的金錢節餘外，其他無形的利益爲：

1.溝通獲得相當的改善。有些工作團隊專門研究機關內外溝通的問題，結果使得該機關與郵局、聯邦準備銀行的溝通協調獲得相當的改善，而員工彼此間的溝通亦獲得改善。

2.提昇員工士氣。品質計畫重視員工參與、團隊士氣、管理人員與員工共同解決問題等，此實有助於提昇員工工作士氣。例如員工建議件數從一九八五年至一九八九年，由九十三件增爲五九三件。

3.與顧客關係獲得改善。該中心的高級主管亦會訪問機關的內外在顧客，以瞭解該中心對他們之要求的改進情形。訪問對象包括民間團體、稅務專家、州和地方政府與其他的利益團體。其目的乃在儘量讓外界瞭解該中心的作業情形，並形成雙向溝通。

4.提高員工的技術和信心。所有管理人員都要參加品質領導者訓練（Quality Leadership Training），而員工亦要接受有關品質管理和問題解決過程的訓練，無形中提升了他們的技術和信心。

　　5.所有員工都知道該中心的整個品質計畫及清楚瞭解他們的
責任。

二、美國國會會計總署實施全面品質管理之案例

㈠背景分析

　　美國國會會計總署主要職責爲看管美國聯邦政府經費支出情
形。因此該總署認要有必要妥善利用納稅人的錢。尤其是在一九
八〇年代，美國聯邦政府規模一直不斷的膨脹，遂引起國會高度
的關切。爲了減肥，即不增加用人情況下，仍能維持高品質的服
務，美國國會會計總署乃決定實施全面品質管理⑦。

　　美國國會會計總署實施全面品質管理的原因，除了基於當時
一些私人企業實施全面品質管理成功的經驗外，最重要的原因是
該總署受到美國國會議員強烈的要求，才加速推動。

㈡實際推動情形

　　一九九一年四月，美國國會會計總署成立了「品質委員會」
（Quality Council），由署長擔任主席，成員包括該總署各級主
管。首先他們研擬一套如何實施全面品質管理方案。該方案並確
定該總署實施全面品質管理之目標、任務和指導原則。

　　目標：成爲世界上負責監督、評估和分析公共政策最有效率
的機關。

　　任務：追求建立廉能和大有爲政府的目標。本總署服務的性
質爲公益。亦即經由提供國會議員及其他決策者正確的資訊、公
正無私的分析和客觀的建議，俾使其能有效運用公共資源，以維

護美國民眾的安全和福祉。

指導原則：重視品質爲美國政府目前最重要的課題。

本總署將品質界定爲：

(1)客觀性和自動自發性。

(2)正確性、及時性和有意義性。

(3)提供負責任的官員一項最有用之辦事方式。我們尊重我們的百姓和他們的差異性。我們永續支持不斷地的自我檢討，以達到組織的、程序的和個人的改進之目標。

爲此，美國國會會計總署擬訂了一項長期追求品質的計畫。第一項計畫爲期二年，預定實施至一九九三年十一月。計有三項主要目標，第一項爲調查該總署顧客之需要、要求和期望，第二項爲分析和改進特定工作之主要過程，第三項爲建立一新的機關組織文化。

第一項目標：調查顧客之需要、要求及期望。

美國國會會計總署之主要顧客爲各國會委員會和國會議員。更確切地說，就是國會整體，若再更進一步言，其實就是全美國民眾。該總署亦爲美國聯邦政府行政官員和大眾媒體提供各項有用的服務。

於一九九二年五月和六月，該總署工作小組訪問了五三五位國會議員。此外，他們亦分別向各國會委員會的主要職員、聯邦政府行政官員與大眾媒體的代表，調查他們對該總署的需求。

第二項目標：分析和改進特定工作之主要過程。

即分析重要的工作過程。有了良好的過程，才能產生高品質的產品。

　　在瞭解他們主要顧客的需求後，他們即據以評估他們做事的過程是否符合顧客的需求。在此階段，他們對可能影響顧客需求的過程加以檢討分析，找出造成他們做事延誤，或使他們顧客不滿意的問題癥結所在。

　　他們亦對該總署所擬訂的各項計畫加以檢討評估，即決定他們要如何做的過程。即決定該總署要投入多少工作在影響層面較廣的問題上（如預算赤字的問題），投入多少工作在影響層面較少的問題上，以及決定它們的優先順序。

　　他們亦同時檢討改進該總署的獎金、獎勵和待遇福利的制度，俾能符合新的品質管理哲學。

　　第三項目標：建立一新的機關組織文化。

　　對此，美國國會會計總署係採漸進方式，亦即不是同時採取改變機關整體的組織文化。而是首先由少數部門開始實施，然後再推廣至其他所有部門。主要原因有二：一為該總署必須維持正常的運作，不能一下子改變太多。另一為該總署沒有足夠的能力，同時使所有員工都接受品質管理 (quality management) 的訓練。

　　該總署亦深切瞭解全面品質管理意謂著機關的組織結構和管理文化的全面改變，是以不可能於短時間內完成。亦即它是一項全面性的改變，故需要許多的時間和努力才可能完成。最終目標乃是建立一新的機關組織文化。

　　為鼓勵員工積極參與全面品質管理，美國國會會計總署除了正式向機關全體員工宣佈品質是機關最優先追求的目標（the

top priority）外，亦採下列兩種方式。

第一種為自願性的方法。例如在機關集會時或在機關的刊物上表揚參與全面品質管理有績效的員工。

第二種為非自願性的方法。即將參與全面品質管理規定在職位說明書上（the job description）。然而，該總署認為最有效方法乃是使改進工作品質成為員工工作的一部分，所以一開始該總署就著手改變機關的評估制度（evaluation system），使得員工感到機關對他們的工作有種新的期待，然後他們才會改變他們的工作方式，重視品質。

例如，該總署的國家安全和國際事務處（National Security and International Affairs Division），將品質概念溶入在研究報告製作過程中，即一開始就注意品質，而非事後。也就是說於研究報告製作前，就由有關人員共同研商報告資料的來源、結構和用語等。在報告草稿初擬完成，即同時由有關人員加以審查，並在最後一次會議中，將所有爭議和不同意見在會議上加以解決，如此可避免工作不斷重複和減低工作人員的挫折感，不僅可節省許多的時間，而且亦可提高研究報告的品質。

除了上述三項主要目標外，該總署亦為第二階段擬訂了七項工作目標。

第一項為建立教育員工有關服務品質改進原則和方法的訓練制度。即要擬訂一套全體性的計畫，教導員工有關品質過程、解決問題的方法以及其他員工參與的技術等。同時各級主管及管理人員亦要接受品質管理的訓練。

第二項為建立機關全體員工的溝通管道。即要建立一套溝通制度，俾使員工能自由坦誠地相互交換意見。

第三項為建立表揚和獎勵對品質改進有貢獻員工之制度。即調查員工最喜歡何種表揚和獎勵方式，以及評估現行待遇福利是否有助於全面品質管理的實施。然後，再據以擬訂一套表揚和獎勵對品質改進有貢獻員工之制度，俾符合品質管理的哲學和原則。

第四項為建立將品質概念溶入在工作過程中之制度。

第五項為建立員工建議制度。

第六項為建立一套衡量品質制度。即建立一套瞭解和改進辦事程序的方法或標準，而不是於產品製成或提供服務後，再檢查是否有瑕疵。

第七項為建立實施服務品質改進的標準模式。即要多吸收其他實施全面品質管理很成功的私人企業或行政機關的經驗，建立一套服務品質改進的標準模式。

三、美國紐約州政府交通處（the Department of Transportation）的品質改進計畫案例

㈠背景分析。

紐約州政府交通處於一九八八年起從事一項為期四年交通建設計畫，經費約為三十億美元。由於工期太短，使得許多員工認為為了趕工和符合成本因素，會犧牲工程品質。其次，考慮到完工後維修問題，由於該處的工程維修預算被大幅刪減。使維修部門亦關心若工程品質不佳，可能影響到將來維修的品質。因此，該處乃開始注重品質的問題。該處亦調查訪問其一萬二千名員工，

他們大都同意品質計畫，因爲交通建設與州民息息相關，例如該
處大多數員工都是依該處所建築的道路開車上下班⑧。

　　㈡**實施品質計畫。**

　　首先是在引擎部門 (the office of engineering) 開始實施專案
品質計畫 (project quality)，然後再推廣至全處。

　　該處將品質界定爲經由持續不斷改進的過程，提供幾乎無缺
點之產品或服務，以符合或滿足機關內外所有顧客的需求。

　　該處首先要求員工想想他們服務的對象（顧客）是誰？顧客
的需求是什麼？如何滿足顧客的需求？以及如何衡量顧客的滿足
程度？該處要求每位員工在工作的過程中，如有發現缺失，則應
立即加以糾正，而不是任其一而再發生同樣的缺失。因此，品質
必須成爲該處交通建設或工程的一部分。

　　該處並由其領導階層共同研商每年的工作目標或任務，而目
標或任務的擬訂或修正，均依據下列四項原則：

　　1.我們要相當嚴肅思考我們的工作和如何把它做得更好。

　　2.我們依目標來設定工作方向和決定工作的優先順序。

　　3.我們需要蒐集各種資料和資訊，並加以分析，俾有助於我
　　　們知道如何改進現行的工作方式。

　　4.我們秉持我們的理念做事。

　　紐約州政府交通處爲了將品質制度化，採取了以下的措施，
如出版品質政策的書刊，明確指出該處對員工的要求，給予機關
推動品質管理所需要的各項資源，指導管理人員如何與部屬討論
品質的問題，具體告訴員工如何做好品質以及要求他們接受有關

品質的訓練。換言之，雖然管理人員與員工對品質的定義有不同的看法，但透過教育或訓練，可使大家有共同一致的看法。

除了上述由該處首長明確告知全體員工品質制度化是機關最主要的施政重點外，並且建立了一套合情、合理及可以達成的標準。亦即使員工能確實瞭解機關對他們的期望，做任何事均能一開始就往對的方向，而不是在嘗試與錯誤中，或不斷地摸索長官的意圖。且對上述的標準要持續不斷的修正，對達到標準的員工要適時給予表揚和獎勵。

茲舉四項以說明紐約州政府交通處對推動品質制度化的努力。

1.該處每年定期評估全州道路和橋樑狀況，並使各地區分處所確實瞭解機關的目標，再由他們自行決定改進道路或橋樑的計畫。

2.為維修道路，建立一道路管理系統（a pavement management system），作為全面檢討道路維修作業方式。其主要內容為它的組織是否健全？是否有良好的設備？是否現代化？是否具備維修道路和橋樑的最新技術？如果未符合規定的標準，那麼就要對修築道路和橋樑過程及技術加以研究改進。

3.更新資訊管理系統。以往該處主要電腦系統很老舊，且沒有作全盤的規劃。為改進此項缺失，該處花了上百萬美元及數年時間，建立了一套管理資訊系統（management information system），該系統目前一年約處理十億美元的事物。該處並利用該系統建立一套管理績效指標，它可以顯示該處主要作業計畫情形，若有問題，其會提出警告，俾管理階層能儘早提出因應對策。

4.每位員工都要接受有關服務顧客的訓練。

總之，如何使機關更好及如何提高服務品質已成為紐約州政府交通處的管理哲學。

【附 註】

① Mizaur D. G., "Quality Govermment Is Government of the People, By the People, For the People" in Public Productivity and Management Review, volume XVI, summer 1993, pp.371-377.

② Keehley P.,"Does TQM Spell Time to Quit Merit?" in Public Productivity and Management Review, volume XVI, summer 1993, pp.387-394.

③ Gilbert G. R., "Quality Improvement in a Federal Defense Organization" in Public Productivity and Management Review, volume XVI, fall 1992, pp.65-75.

④ Hamilton, M. R, Mendelowitz A.I., and Fogel R. L., "TQM at GAO", Number 14, winter 1991/92, pp.39-47.

⑤ Adams J. N., "Quality Improvement Through Teamwork in Colorado" in Public Productivity and Management Review, volume XV, winter 1991, pp.237-240.

⑥ Keebley P., and Medlin S., "Productivity Enhancements Through Quality Innovations" in Public Productivity and Management Review, volume XV, winter 1991, pp.217-228.

⑦ Hamilton, M. R., Mendelouitz A. I. and Fogel R. L., op. cit., pp.39-

47.

⑧　Taylor P. W., "Working with Quality at the New york state Dep-
artment of Transportion" in Public Productivity and Management
Review, volume XV, winter 1991, pp.205-212.

第八章　結　論

第一節　美國行政管理革新之特性

　　本書所探討的主題為一九七○年代以後，美國政府推動行政
管理革新之原因及其發展情形。就美國公共行政發展而言，一九
七○年代是一重要關鍵時代，公共行政已逐漸走出它自己的路，
專家學者們對公共行政研究內容與研究對象之看法漸趨一致，形
成了所謂的「新公共行政」（New Public Administration）。公
共行政研究的焦點，已由傳統的「行政」觀點，演進到「管理」
觀點。公共行政專家學者們鑑於私人企業界注重效率及成本觀念，
而使得生產力提高，利潤倍增，於是想到將這些觀念與方法引進
到政府公共服務上，以使政府效率提高，達到機關組織的目標①。

　　美國政府近代所推動之行政管理革新運動，約可分為二個階
段，第一個階段為一九七○年代至一九八○年代中期的行政機關
生產力改進（productivity improvement）運動；第二個階段為
一九八○年代中期以後的行政機關品質改進（quality impro-
vement）運動。質言之，「生產力」是美國一九七○年代全美國
公私機構的管理新標語，「生產力改進」成為全國性的管理目標。
至一九八○年代中期，由於生產力改進運動未達預期目標，許多
美國私人企業轉而追求品質，全面品質管理（ Total Quality

Management）又成為新的管理途徑，此項在日本僅適用製造業之管理技術，美國自日本引進後，便擴大適用於服務業、醫療保健業，甚至在行政機關的公共服務上。

也由於行政機關適用此項新管理技術的初步成功，使得其他行政機關紛紛仿效採行，並形成一品質改進運動。Mizaur 說：「品質是一項新的管理典型」。美國哈佛大學教授Barzeley更進一步地說：「品質管理是一種催化劑，將政府的管理由官僚典型轉為後官僚典型（a post-bureaucratic paradigm）」。簡言之，品質管理已將美國行政管理引導至新的方向，並成為一九九〇年代行政管理的新挑戰。

歸納言之，美國政府近代行政管理革新運動具有下列四項特性：

一、全美國生產力普遍下降之壓力。

其實，早在一九〇〇年代美國政府就已注意行政效率與效能問題。但那時美國生產力是呈倍數增加，工業迅速發達，國力富強，社會普遍呈現富裕現象。政府欲從事任何一項社會改革或科技研發或經援外國，並不會發生經費困難嚴重問題。到了一九六〇年代末期，美國富裕社會形象逐漸消失。自從一九六九年後，美國全國生產力已降至第二次世界大戰後的最低水準。例如一九七三年至一九七四年，美國有六個季的生產力持續下降，致使美國製造業面臨嚴重經營困境，「日本製造」（made in Japan）以前是「次級品」、「便宜貨」的代名詞，卻一躍成為「高品質」的代名詞。在日本電子產品和汽車等之品質和銷路超越美國時，美國私人企業才嚴肅思考如何提高生產力問題。

　　生產力降低不僅是私人企業的問題，在當時美國各級政府所提供之施政質量與其所增加之成本和稅收不成比例，亦即政府生產力亦普遍低落。為了避免因政府生產力低落，經費支出增加，必須加稅以資因應，因而加重私人企業之負擔，即提高生產成本，致減弱其在國際上之競爭能力。在此情勢下，美國各級政府承受很大壓力，不得不積極推動行政管理革新計畫。

二、民選官員及民意代表為主要推動者

　　專家學者為便於分析研究，將行政機關之管理人員分為政治的管理人員和行政的管理人員兩種。前者如民選的總統、州長、市長和各級民意代表等；後者則為行政機關的行政主管。前者對一九七〇年代以後美國行政管理革新運動貢獻很大，由於他們的政治地位和對自己角色（如民選官員）的認知，遂使他們決心推動行政管理革新運動。因為他們深切瞭解他們選民的需要，反對加稅並且能繼續提供高品質的服務。而該項運動能加速推動，乃受到美國私人企業生產力普遍低落，造成經濟不景氣，以及一九六〇年代末期美國富裕社會形象逐漸結束，政府開始進入節約預算和撙節支出的刺激。例如，美國參議員Poxmire先生於一九七〇年向美國國會會計總署提出書面質詢：「令人很遺憾的是我們並沒有一套制度可以實際衡量聯邦機關的效率。」基此，美國聯邦政府才展開一連串的行政管理革新計畫。又如，美國實施生產力計畫最有名的威斯康辛州和華盛頓州，均是分別在其州長路易士（Lacey）和雷恩（Ryan）的熱心積極推動下，才順利展開。

三、結合人事和預算等有關單位共同推動

推動行政管理革新要成功，必須具備基本三條件，第一為機關要建立明確的責任觀念，第二為要有回饋制度，第三為要有公平、客觀的獎勵制度（reward system）②。任何行政管理革新計畫如果沒有人事和預算單位的參與，一定不可能成功。美國聯邦政府自一九七○年代以後所推動的任何行政管理革新計畫，如生產力改進計畫和品質管理計畫，一定均有聯邦政府人事行政總署和管理預算局的參與，並且均明確規定其扮演的角色和所負的責任。此外，均會成立一超部會且直屬美國總統的委員會，作為負責有關決策的領航者角色，並定期向美國總統及國會報告實施成果。而且，角色有如看管美國聯邦政府經費支出看門犬（watchdog）之國會會計總署，為了確保人民納稅的錢被有效的使用，均會確實監督行政機關行政管理革新計畫執行情形。

又如，美國科羅拉多州於一九八九年所推動的品質管理計畫（quality management program），係由該州政府之人事處（the Department of Personnel）和州計畫及預算處（the Office of State Planning and Budgeting）所共同擬訂及推動③。

四、引進企業之新管理模式

由於美國人民已不願意再忍受政府的過度膨脹且平庸無能，因此政府必須減肥和撙節支出已成為人民的心聲，美國人民甚至以「向浪費宣戰」（War on Waste）、「燃燒的金錢」（Buring Money）以及「人民反對浪費」（Citizens Against Waste）等來表達他的憤怒。

　　在此情況下，美國聯邦政府所面對的是人民的需要不斷的增加，且要求維持相當的服務品質，但預算卻相對的沒有增加，甚至被刪減，是以聯邦政府管理人員必須學習新的管理哲學和技術，方足以因應。在一九七〇年代以後，美國政府受到私人企業引進新管理模式成功經驗的鼓舞，積極採行私人企業的管理技術。例如，生產力衡量模式、品管圈、員工建議制度、建立工作團隊、工作生活品質和全面品質管理等。致使行政機關的管理思想逐漸脫離以往不合時宜的觀念，亦即由行政管理轉變爲企業管理的型態。也就是說政府由行政官員管理的觀念已轉變爲由管理人才管理的觀念。

第二節　美國行政管理革新之檢討

　　美國政府之行政管理革新運動，在一九七〇年代係基於如何減少費用支出，以達到預算被刪減之目標。因此在當時，生產力改進計畫被專家學者公開宣傳可以解決上述問題，致使美國各級政府如火如荼展開各種生產力計畫，是以在一九七〇年代末期，行政機關生產力改進運動達到最高峯。之後，美國政府預算赤字問題仍持續擴大，並未獲得改善。因此，此項行政革新運動逐漸式微，直至一九八〇年代中期，美國許多私人企業引進長期性、整合性的全面品質管理途徑，並獲得成功後，美國行政機關才放棄以前所實施的生產力改進計畫，改採美國製造業、服務業已試驗成功的全面品質管理途徑，且形成了所謂的品質管理運動。

　　基本上，探討美國行政機關生產力改進計畫，是確實可行，但不易成功。其主要原因有下列五點：

　　㈠生產力之定義過於狹隘。美國聯邦政府配合勞工統計局對私人企業生產力之衡量標準，亦將投入僅限於員工，是以生產力成為聯邦員工的產出。對此，美國國會會計總署曾作專題研究，並作出以下結論：「茲因專注於員工每小時的產出，致使聯邦行政機關官員對生產力的觀念過於狹隘。造成了行政機關生產力改進計畫不僅得不到高級主管的支持，亦且缺乏連續性，因而中斷。」

　　㈡民選機關首長任期限制。機關首長對超過其任期之生產力改進計畫，往往不願積極支持，然而任何一項行政管理革新計畫缺乏機關首長強烈的支持推動，最後均因受到挫折，無聲無息的結束。例如，有二項改善治安方案，一項為長達四年之警政改革方案，一項為立刻派遣警力上街頭打擊犯罪、暴力，地方首長如市長往往寧願選擇後者，因其立即可顯現績效，而不願意選擇超過其任期之方案。

　　㈢年度預算的限制。政府施政係以預算為基礎，預算之編列則又以年度為基礎。然而行政機關生產力改進計畫往往為長期且連續性的計畫，如果下年度預算被刪減，則會影響到生產力改進計畫施行成效，甚至被迫中斷。此外，年度預算過於僵硬，缺乏彈性，對於推動生產力改進著有績效員工，不能立即獲得獎勵或獎金，亦即缺乏激勵，致使員工對行政革新計畫不夠熱中。

　　㈣過於強調減少費用支出，導致機關員工惡性競爭。美國聯邦政府生產力改進計畫，著重於可見數字管理，即可為機關節省多少經費支出。到最後，各單位爲了績效，將生產力改進計畫變成「儘可能刪減費用支出」，爲了減少費用支出，遇缺不補，員工訓練減少至最低程度，辦公室設備老舊仍不予更新，導致機關各單位彼此競爭，團隊士氣幾乎瓦解。此種只重量不重質的行政管理，亦即僅強調機關員工每小時的生產力，完全忽略了其所提供的服務是否符合民衆的需要，結果不僅得不到高級主管的支持，而且引起機關員工強烈的不滿，因此生產力改進計畫不是被宣布中止實施，就是草草率率結束。

㈤品管圈試驗失敗。在日本，製造業實施品質控制圈（quality control circles）之所以成功，主要原因爲其能與日本文化相結合，亦即品質控制圈與日本文化中的小團體傳統，勞資合作關係，管理階層有很大權力，終身僱用制等相包容，因此實施品質控制圈不會有格格不入的感覺。當提高生產力成爲當時美國全國性之一項重要課題時，美國私人企業首先引進該項管理技術，並改稱爲「品管圈」（quality circles），而實施品管圈被宣傳爲可能達到生產力改進目標的最佳途徑。由於品管圈與美國組織文化不能相容，到了一九八〇年中期以後，已很少聽到實施品管圈成功的事例。換言之，美國許多行政機關生產力改進計畫，亦因放棄或中止實施品管圈，而宣布中止或不再繼續推動。

於二次世界大戰後，前往日本協助戰後工業復興工作，且被日本人尊稱爲日本經濟奇蹟的知識教父（the intellectual godfather）之戴明（Deming）和朱諾（Juran）二位先生。於一九八〇年代末期和一九九〇年代初期，分別協助美國政府各行政機關實施全面品質管理（Total Quality Management），並獲得初步成功後，引起其他機關仿效採行，且形成了品質管理運動。全面品質管理遂成為一九九〇年代美國政府行政管理革新之新途徑。

美國行政機關最近所推動之品質管理運動與以往之生產力改進運動相比較，其具有下列四項特點：

㈠美國專家學者及民選官員、民意代表一致認為採取個別性或短期性之生產力改進計畫，是不可能獲致成功的。轉而支持長期性、通盤性及策略性之全面品質管理。其最終目標是改變機關組織文化，將品質內化到員工人格中，永續改進其辦事程序，俾其所生產產品或提供服務，能符合顧客（百姓）之需要、要求或期望。

㈡行政機關品質管理是美國聯邦政府自雷根政府、布希政府，以至現在柯林頓政府之施政重點。尤其柯林頓總統在擔任阿肯色州州長時就積極推動全面品質管理，由於施行頗為成功，成為一項政績，並直接影響其當選美國總統。質言之，品質管理已成為美國聯邦政府一貫政策，並且已累積相當經驗，因此目前美國大多數聯邦機關均有實施全面品質管理之計畫。

㈢推動品質管理之組織相當健全。美國聯邦政府除了成立一直屬總統之管理改進委員會（the President's Council on Managment Improvement），負責有關推動全面品質管理之決策事宜外，並明確規定管理預算局應實際承擔聯邦機關推動全面品質管理之責任，而聯邦人事行政總署則負責協助推動。除此之外，並由十三個聯邦機關共同負擔經費，成立一半獨立性組織性質之聯邦品質協會（the Federal Quality Institute），定期舉辦各種研習會、研討會、訓練及提供相關資訊，俾使聯邦機關員工明確瞭解全面品質管理之新技術。如有需要，該協會亦會提供各聯邦機關實施全面品質管理之必要協助。

㈣實證研究，獲得初步成功。以往美國聯邦政府所推動之生產力改進計畫，並沒有明確規定聯邦機關應採行何種管理途徑。在美國布希政府時期，管理預算局曾函請各聯邦機關要實施全面品質管理。剛開始時，少數美國聯邦機關是聘請顧問協助推動，經過試驗獲得初步成功後，其他機關乃競相仿效採行。實施模式為先行成立一品質委員會，擬訂及籌劃實施全面品質管理之政策、目標及指導原則等有關事宜。然後由少數一、二個部門試驗實施，建立工作品質團隊，教導他們問題解決之方法及過程，若獲致成效，再逐步推擴至全機關。

美國聯邦政府所推動之行政管理革新運動，自一九七○年代起至一九九○年代，積極引進私人企業之管理觀念及技術，累積相當豐富經驗，已逐漸採行穩健政策，即採取務實且長遠的觀點。不再因龐大預算赤字問題，而盲目追求減少機關經費支出之消極性作法。全面品質管理強調機關員工要有品質觀念，一開始就要把事情做對，並且每隔一段期間約三至五年就要全盤檢討改進辦事過程，俾永續改進服務品質，如此可杜絕浪費，最後亦可達到節省經費支出之目標。

總之，美國政府行政管理革新之目的，乃在希望以較少資源，提供品質更佳之服務,使私人企業不必再負擔政府日漸膨脹的經費支出。亦即政府因減少不必要之浪費,私人企業不必再負擔過重之賦稅,減低其成本支出,進而提高其產品在國際上競爭能力,刺激美國經濟發展,最後受惠的仍是美國全體人民。

【附　註】

① 吳定、張潤書、陳德禹編著,行政學上冊,台北:國立空中大學,民國八十年十二月,第五至七頁。

② Nordstom R. R., Lewinsohn T. and Hall R. V., "Productivity in the Public Sector: A Discussion of the Issues" in Public Personnel Management, Voll6, No1.(spring 1987). pp.1-7.

③ Adams J. N., "Quality Improvement Through Teamwork in Colorade" in Public Productivity and Management Review, Volume XV, winter 1991, Number 2, pp.237-240.